A Curriculum Designed to
Foster Self-Regulation and Emotional Control

情绪四色区

18 节自我调节和情绪控制能力培养课

[美]利娅·M. 凯珀斯（Leah M. Kuypers）◎著　张雪琴◎译

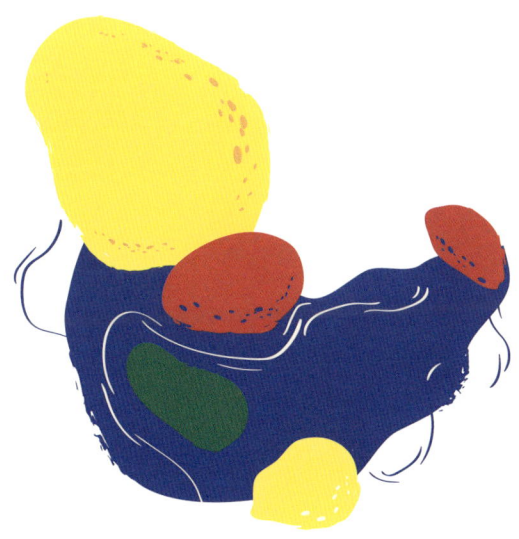

致启发我、激励我、帮助我成长的所有学生。

致　　谢

首先，我想感谢我的家人。爸爸妈妈，谢谢你们这些年给我的指引和支持。你们让我懂得教育的价值，明白人要不断拓展自己，鞭策自己往更远处去。戴维（David），我的丈夫，此生得挚友如你，我感激不尽。感谢你的无私付出成全了这本书。我的儿子丹尼尔，你的欢颜笑语让我的每一天都洒满阳光。

如果没有唐娜·布里顿（Donna Brittain）和苏珊·弗里斯特（Susan Friest）的劝说，没有他们坚持说这个想法好、应该与人分享，我就不会开始这个项目。也感谢明尼苏达州达科他县917中级学区的其他员工：谢丽·彼得森（Sherry Peterson）、凯茜·马蒂斯（Cathy Mattice）、埃丝特尔·加西亚（Estelle Garcia）、卡丽·柯尼希斯贝格尔（Carrie Koenigsberger）、艾米·格里夫（Amy Griff）、乔·福克纳（Joe Faulkner）、伯德塔·兰（Berdetta Lang）、克里丝特尔·德格劳（Crystal DeGraw）、安德烈娅·韦尔弗特（Andrea Welveart）、萨拉·奥瑟斯（Sara Orthaus）和萨拉·塔维（Sara Tuvey），在课程开发过程中，是他们最先在课堂和工作中采用了"四色区"的方法并与我分享他们的经验和想法。同时感谢明尼苏达州伊根市阿普尔瓦利罗斯芒特196学区的工作人员，特别是玛莎·福斯特（Martha Foster）、吉尔·库兹马（Jill Kuzma）、杰姬·扬（Jackie Young）和孤独症资源专家中心的工作人员，感谢他们为四色区贡献的真知灼见和对四色区的身体力行。万分感谢卡丽·邓恩·比龙（Karri Dunn Buron）和卡桑德拉·埃尔肯斯（Cassandra Erkens）在本课程写作和开发中给我的建议和指导。感谢米歇尔·加西亚·温纳（Michelle Garcia Winner）给我的鼓励，感谢她支持我的项目并提出宝贵意见。非常感谢安·彭德利（Ann Pendley）和桑迪·霍里奇（Sandy Horwich）对本书的编辑和他们的洞见，感谢伊丽莎白·布莱克（Elizabeth Blacker）的平面设计让本书焕然一新。也非常感谢伊丽莎白·索特（Elizabeth Sautter）、希拉里·基萨克（Hillary Kissack）、劳伦·德鲁齐（Lauren Delucci）、埃丽卡·布兰德（Erica Bland）、利兹·兰（Liz Lang）、安东尼·萨瓦拉（Anthony Savala）及加利福尼亚州奥克兰

Communication Works 机构的工作人员，感谢你们对我的信任，帮助我在加州推行四色区课程。衷心感谢你们给予我的支持、建议、反馈和热情。最后，感谢这些年与我合作过的所有学生和家庭。感谢你们让我走进你们的生命，是你们启发我开发了四色区课程，衷心希望你们也能拥有成功和幸福的人生。

目录

前　言 　　　　　　　　　　　　　　　　　　　001

第一章　各就各位！ 　　　　　　　　　　　　001
　　了解课程 　　　　　　　　　　　　　　　　001
　　谁可以教这一课程？ 　　　　　　　　　　　002
　　谁可以从课程中受益？ 　　　　　　　　　　002
　　什么是自我调节？ 　　　　　　　　　　　　003
　　"四色区"背后的故事 　　　　　　　　　　　006
　　影响了"情绪四色区"的其他课程 　　　　　007
　　什么是"情绪四色区" 　　　　　　　　　　　008
　　四色区词汇 　　　　　　　　　　　　　　　009

第二章　预备！ 　　　　　　　　　　　　　　011
　　如何使用本课程 　　　　　　　　　　　　　011
　　成立学习小组 　　　　　　　　　　　　　　011
　　与学生团队合作 　　　　　　　　　　　　　012
　　　　材料1　情绪四色区情况介绍 　　　　　013
　　　　材料2　情绪四色区词汇表 　　　　　　014
　　管理四色区文件夹 　　　　　　　　　　　　015
　　小组课结构 　　　　　　　　　　　　　　　015

将四色区课程和学业标准相联系　　　　　　　016

检验学习效果　　　　　　　　　　　　　　　017

课程次序　　　　　　　　　　　　　　　　　017

准备材料　　　　　　　　　　　　　　　　　020

课程内容增补　　　　　　　　　　　　　　　021

第三章　跑！　　　　　　　　　　　　　　　022

初步认识四色区　　　　　　　　　　　　　　022

第 1 课　制作四色区墙报　　　　　　　　　　025

　　材料 3　四色区情绪　　　　　　　　　　030

　　材料 4　四色区标签　　　　　　　　　　034

　　材料 5　情绪四色区视觉材料　　　　　　036

第 2 课　四色区宾果游戏　　　　　　　　　　037

　　材料 6　四色区宾果卡　　　　　　　　　040

该加油了　　　　　　　　　　　　　　　　　048

课程：期待和非期待行为　　　　　　　　　　048

课程：我们的行为影响着周围人的感受　　　　049

课程：认可的想法和困惑的想法　　　　　　　051

第 3 课　视频中的四色区　　　　　　　　　　053

第 4 课　我的四色区　　　　　　　　　　　　056

　　材料 7　四色区场景　　　　　　　　　　061

　　材料 8　我会在哪个颜色区？　　　　　　063

第 5 课　理解不同的观点　　　　　　　　　　064

　　材料 9　对期待/非期待行为的想法和感受　　073

　　材料 10　社交情绪连锁反应　　　　　　　075

　　材料 11　社交行为导图　　　　　　　　　076

第 6 课　四色区中的我　　　　　　　　　　　082

　　材料 12　四色区中的我　　　　　　　　　086

第 7 课　我的情绪感受　　　　　　　　　　　092

　　材料 13　四色区习语　　　　　　　　　　096

第 8 课　我一天里的四色区	097
材料 14　"我一天里的四色区"作业单	101
材料 15　想法泡泡	102
第 9 课　注意！前方触发因素	103
材料 16　触发因素作业单	107
检验学习效果的方法	108
材料 17　四色区打卡表	111

第四章　离弦之箭

探索冷静和警觉工具	114
第 10 课　探索感觉支持工具	119
材料 18　四色区工具作业单	125
第 11 课　探索冷静工具	126
材料 19　六边呼吸法	131
材料 20　懒 8 字呼吸法	132
材料 21　我的平静序列图	133
第 12 课　探索思维策略工具	134
问题的大小思维策略活动	135
材料 22　问题的大小作业单	139
材料 23　问题的大小	140
内在教练 vs 内在批评师思维策略活动	141
材料 24　"内在教练"作业单	144
材料 25　"内在批评师"作业单	145
弹力超人和石头脑思维策略活动	146
检验学习效果的方法	150

第五章　接近终点线

学习什么时候使用工具	151
第 13 课　工具箱	152
材料 26　"工具箱"作业单	156

　　　　材料 27　四色区工具菜单　　　　　　　　　　　157
　　　　材料 28　各颜色区可用工具　　　　　　　　　　159
　　第 14 课　什么时候使用黄色区工具　　　　　　　　160
　　　　材料 29　什么时候使用我的黄色区工具　　　　　166
　　第 15 课　停下来使用工具　　　　　　　　　　　　167
　　　　材料 30　停下来使用工具："停"字标志　　　　170
　　第 16 课　追踪我的工具使用情况　　　　　　　　　171
　　　　材料 31　追踪我的工具使用情况　　　　　　　175
　　第 17 课　停、选、行　　　　　　　　　　　　　　176
　　　　材料 32　个人用"停、选、行"视觉材料　　　180
　　　　材料 33　"停、选、行"寻找问题解决方案作业单　181
　　第 18 课　庆祝我使用工具了　　　　　　　　　　　182
　　　　材料 34　工具奖状　　　　　　　　　　　　　184
　　　　材料 35　四色区证书　　　　　　　　　　　　185
　　检验学习效果的方法　　　　　　　　　　　　　　　186

第六章　优胜者是……　　　　　　　　　　　　　　　　187
　　四色区背景信息介绍　　　　　　　　　　　　　　　187
　　针对神经生物障碍学生的教学策略　　　　　　　　　189

附录一　常见问题解答　　　　　　　　　　　　　　　　193
附录二　培养自我调节能力 IEP 目标建议　　　　　　　　197

前　言

老师、家长、作业治疗师、咨询师、言语语言病理学家和其他相关人员都很有兴趣了解我们的学生在感觉、社交学习、执行功能和情绪调节方面有哪些不同的需要，但他们很难找到将这些方面融为一体的较为综合的教学方法。成功应对学校生活，需要个体积极把握社交和教学的动态并根据当时的情形及时调整自身的行为。平时上学时，我们身边总围绕着许多人，有些人认识，有些人不认识，但所有人都期待我们能实现一定水平的自我调节以有效地共享空间。但就算处于最佳状态，要做到这一点也很辛苦。如果哪天状态特别糟糕，那就几乎不可能做到了。

过去20年来，人们普遍认识到，在存在调节问题的学生中，无论是神经典型性学生，还是神经多样性学生，都可以从清晰易懂的社交认知行为训练中受益。这些训练方法鼓励个体学习各种策略以帮助自己（结合情境）更好地觉察自身及他人的想法和感受。掌握了这些信息，他们就可以开始着手解决与人相处的问题了，无论是一起安静聆听，还是密切互动。

帮助个体掌握明确的信息以发展通常所说的"自我调节"能力需要用到调动多感官的教学方法，它包括但不限于：

- 感觉统合与调节：帮助个体认识他们的感觉系统并学习各种策略以促进感觉调节。
- 情绪的自我理解和自我调节：觉察自身及他人的情绪，对有些人来说就算不是特别困难，也多少有点困惑。但这种觉察对于情绪调节策略的学习至关重要。它包括但不仅限于帮助个体探索他们的感觉系统、情绪感受和他们与世界联结的能力（能让其他人理解他们当下的挑战，可能的话，使用策略进行共同调节）之间的关系。
- 执行功能和认知控制策略的使用：冲动控制、注意力保持、计划、问题解决和自我对话等元认知技能是一个人在生活中或追求目标的过程中克服困难、发挥正常功能的基础。
- 视觉支架和视觉化教学：几乎所有学生都能从结构化的视觉信息中受益。这不仅是因为视觉化的结构契合很多学生的视觉化学习方式，还在于它鼓励作为养育者的我们以更加具体、直观的方式呈现抽象的教学内容。不是视觉型的学生也可以从非常直观、井然有序的教学材料中获益，就好比很多非听觉型的学习者也可以受益于清晰的听觉指导。
- 社交思维（Social Thinking®）及其他社交情绪和认知行为治疗方法的框架和词汇：这些方法提供了清晰易懂的语言概念和指导框架，可以帮助学生清晰地理解不同社交场景中存在的一些重要的细微差别和我们对他人的各种期待。随着个体能更好地谈论和探讨越来越复杂的关于社交和情绪的想法，他们也会开始探索自己在具体情境中的表现。治疗的重点在于如何帮助个体实现他们的社交目标。

2009年，我第一次听到利娅·凯珀斯讲述"情绪四色区"这一概念。这个概念是在她进修研究生课程和总结以往教学经验的基础上发展而来的，而后又在她攻读教育学硕士学位期间被正式付诸文字。她对这一重要主题（理解自我感受）的探索方式——使用具体的教学策略来探讨和视觉化地呈现情绪四色区的概念——给我留下了深刻的印象。

写书是一回事，看公众如何解读书中信息并加以践行则是另一回事。《情绪四色区》面世多年，已在世界各地的学校、机构和家庭里得到广泛应用，成为社交情绪学习领域一个重要且有益的存在。对此，我感到十分高兴。作为利娅·凯珀斯的同事和朋友，我可以证明她有着强烈的职业道德感，渴望能帮助本书的使用者以有效而不失尊重的方式来教授书中的内容。她始终在设法更新她的想法，也一直保持着与学区及项目方的合作，希望他们对本书内容的教学能更忠实于原意，这样他们也更容易取得成功。理解并有效调节自身感受是每个人在生活中的不同时刻都要面对的挑战。为了帮助公众运用这一看似简单实则深刻的概念，利娅一直在输出新的想法、观点和策略。请去她的网站 www.ZonesofRegulation.com 了解这方面的最新动态。

米歇尔·加西亚·温纳（Michelle Garcia Winner）
文学硕士、注册言语语言病理学家（CCC-SLP）
"社交思维"课程创建者及CEO

第一章

各就各位！

了解课程

很多时候，哪怕在崩溃边缘，学生也仍在努力保持冷静。某些方面的能力不足和破坏性行为常常会掩盖他们的强项和才能。对于他们的行为问题，人们的反应往往是不断指出，而不是帮助解决。从事暴脾气儿童治疗的心理学专家、"合作式问题解决法"创始人罗斯·格林（Ross Greene）说："孩子如果有能力做好，就会做得很好（Children do well if they can）。"（《暴脾气小孩》，2005）这句话应该成为所有教育者和养育者的座右铭。没有哪个学生愿意背负"坏小孩"的名声，只是他们很可能能力不足，别无选择——除非有人教他们正确的方法并提供大量的练习机会。学生在学校、家庭和社区都是能够取得成功的，这种成功很大程度上取决于他们识别自身感受并管理自己反应的能力。情绪四色区课程就是要帮助学生实现这一目标。

情绪四色区课程的目标是帮助学生学会有意识地调节自己的感受，从而提高他们的控制能力和问题解决能力。课程的学习活动将采用认知行为的方法，帮助学生识别自己的不同身心状态，即用四个颜色代表的四个"区"。学生还将学习如何使用策略或方法来保持处于某一个颜色区或从一个颜色区转换到另一个颜色区。他们将探索各种冷静技巧、认知策略和感觉支持工具，从而拥有自己的方法工具箱，用来帮助他们实现颜色区的转换。为了让学生更深入地理解自我调节的方法，课程将着力于教授以下技能：读懂他人的面部表情，识别自身及他人多样化的情绪，理解他人的观点、感受，洞察失调状态的触发事件，以及何时、怎样使用工具和问题解决技能。

课程的学习活动将通过 18 节课来呈现。为了强化所教概念，每一节课都准备了探究性问题以供讨论，也会对一个或多个学习活动进行详细的说明。很多节课还会提供拓展活动建议和个别化调整方案。除此以外，课程内容还包括给学生的作业表单、其他讲义资料及用于展示和分享的视觉材料。这些材料可以从本书直接复印，也可以从"可下载配套资料"（见本书封面）中打印。

谁可以教这一课程？

凡是有志于帮助学生提高调节能力的人都可以是这一课程的教授者，包括但不仅限于：特殊教育教师和普通教育教师、作业治疗师、言语语言病理学家、心理学家、咨询师、行为专家、社会工作者和家长。本书将课程教授者通称为"老师"，但这不意味着你必须是在教室上课的专业老师。

谁可以从课程中受益？

情绪四色区课程专为在自我调节方面存在困难的学生而设计。关于自我调节困难，在下一小节会做更详尽的介绍。自我调节能力不足可能是神经生物障碍和/或社会性学习困难的一个表现，但存在调节困难的人不一定都有确切的诊断。本课程最初专为神经多样性学生设计，包括被诊断或被贴上孤独症、注意缺陷多动障碍（ADHD）、妥瑞氏综合征、对立违抗障碍（ODD）、品行障碍（conduct disorder）、选择性缄默和焦虑症等标签的学生。但我们逐渐发现它的应用范围可以更广。不止这些学生，几乎所有人都能从中受益：在某位学生开始学习这一课程后，家长和老师常常发现它对其他学生同样有用，连他们自己都受益匪浅。这些成人表示，在教授情绪四色区课程之后，他们对自身状态有了更好的理解，也更清楚可以用哪些工具或方法来调节自身的状态了。我们每个人多少都会遇到自我调节的问题，这也促使很多普通教育教师将这一课程推广到整个班级之中。

情绪四色区课程的授课对象可以包括学龄前儿童（四岁左右，前提是他们的认知能力处于或高于平均水平）、小学生、中学生和成年人。考虑到年龄的差异，有些课会建议区分年龄较小的学生（学前至小学低年级）和年龄较大的学生（小学高年级或初中至高中乃至成年）。比较成熟的中学生和成人可能会觉得有些学习活动过于"幼稚"。即便如此，他们也可以从每一节课的课堂讨论中获益。学生对课程内容的理解有深有浅，这取决于他们的年龄、年级、认知水平和成熟程度。相应地，我们也要根据学生个体和小组整体的情况来确定我们的教学期望。比如，对于学龄前儿童，你基本不会要求他们能在压力情境中独立运用工具实现自我调节。你也应该根据学生的年龄和年级水平调整概念的呈现方式。在教年龄较小的学生时，你还要简化某些讨论内容。

虽然这些课主要面向中等至中等偏上智力的学生，但我们也考虑到认知障碍较为严重或语言较为落后的学生，针对他们给出一些活动调整建议。有认知障碍的学生对四色区的理解也许不够深刻，但若能持续接触相关内容，很多人还是能够认识自身所处颜色区并在视觉支持的引导下参与自我调节活动的。在教有认知障碍的学生时，你可能需要对所教概念做进一步的调整。

本章余下部分将探讨自我调节的组成要素，讲述课程的开发过程，介绍四色区的基本概念及相关词汇。第二章，你将了解在开始带学生学习课程前需要做哪些准备。第三章、第四章和第五章将依次呈现课程主体，即18节课的具体内容。第六章将补充介绍课程相关的背景信息，对四色区的概念做进一步的梳理。附录部分包括常见问题解答、培养自我调节能力 IEP 目标建议。

什么是自我调节？ >>

自我调节有各种表述，比如"自我控制""自我管理""愤怒控制""冲动控制"等。所有这些术语都会涉及人们调节自身警觉水平的能力，以及他们怎样通过行为来表现情绪从而以适应性的方式实现他们的目标（Bronson, 2001）。换句话说，自我调节是指采取必要措施以达到特定场景所需的最佳状态的能力。它包括调节个人的感觉需要、情绪、能量和冲动以满足环境的需求、实现个人的目标并获得安适之感。比如说，在面对压力或挫折时，自我调节能力好的人可以保持冷静和有条理，成功应对挑战。但自我调节有困难的人会难以应对同样的挫折，甚至表现出适应性较差的行为。成功的自我调节，离不开三个重要神经功能要素的系统整合：感觉处理、执行功能和情绪调节。

感觉处理

第一个神经功能要素——感觉处理，指的是你如何理解感受器（对刺激做出响应的神经末梢）接收到的信息、如何整理和整合这些信息以付诸有目的的行动。比如，火灾报警器的响声最先被你的耳朵所接收；接着，该信息被传送到大脑接受解读；然后你明白，是火灾报警器在响；于是，你判断应该注意这个刺激还是将其过滤（一般情况下，如果是火灾报警器响起，你需要有所行动，但假如是旁边的汽车喇叭声，你会置之不理，因为你早已习惯那样的声音）；如果确定需要行动，你会让身体做好准备以做出有目的的响应，比如，冷静地走出大楼。

感觉处理也包括过滤你接收的感觉输入以避免过多的环境刺激（即通常所说的"调控"）。比如，学生在课堂上需要处理一些与学习相关的刺激（老师的讲解、眼前的功课），但他们可能会被环境中无法过滤的感觉刺激压垮（衣服标签接触皮肤时的刺痒、走廊上的吵闹声、教室中缤纷的美术作品和视觉材料、食堂飘来的气味）。过滤感觉信息对一些人来说不费吹灰之力，却可以让另一些人心力交瘁——耗尽身体的调节能力，开始走神、焦躁、坐立不安、退缩或自我封闭。

二十世纪七十年代，作业治疗师A.琼·艾尔斯（A. Jean Ayres）最先提出了"感觉处理障碍"（也叫感觉统合功能失调）的概念。它是指一个人在接收感觉信息、加工处理信息和/或做出响应方面存在困难。感觉输入包括视觉、听觉、触觉、嗅觉、味觉、前庭觉（运动以及身体与重力的关系）和本体觉（身体意识）信息。

在调节能力上存在差异可能是由于人们无法过滤无关刺激或对少量刺激过度敏感（即通常所说的"反应过度"）——这样的刺激对其他多数人来说不算什么，甚至都注意不到。举例来说，在课堂上，学生需要处理学习相关的刺激（比如老师的讲课内容、板书），但由于无法过滤环境中的感觉信息（比如衣服标签接触皮肤时的刺痒、走廊上的吵闹、教室中缤纷的美术作品和视觉材料、食堂飘来的气味），他们很快就会招架不住，开始走神、焦躁和坐立不安。与之相反，有些人需要通过寻求一种或多种强烈的刺激输入让自己感觉正常，即通常所说的对刺激反应迟钝。如果不能以有目的、有意义的方式寻求感觉刺激，这种寻求刺激的行为会给他人带来很大的困扰。比如，有些学生需要靠额外的身体运动和深压刺激来保持专注、进入学习状态，但这些刺激对他人来说很可能是不恰当的（圆圈时间在地上打滚、经常离开座位、往他人身上撞、倒挂在椅子上）。每天给学生安排一些有意义的活动（去办公室送便条、课间活动时推球车、擦黑板、分发资料），让他们有机会体验更多运动、负重和深压刺激，帮助他们获得必要的感觉输入以协调神经系统并保持专注。自我调节能力在很大程度上取决于大脑处理感觉系统所提供的信息的能力。一方面，我们必须能够整合这些信息以达到某个目的。比如，在听别人讲话时，我们应该能以恰当的言语或其他交流方式做出回应；看到球扔过来，我们应该能伸出双臂接住它。另一方面，我们也需要适当忽略感觉信息以免被压垮或分心。情绪四色区课程会帮助学生理解他们需要采用哪些感觉支持来实现自我管控，从而解决他们的感觉处理问题。

执行功能

自我调节的第二个重要神经功能要素是执行功能。执行功能泛指我们在有意识地控制我们的想法和行动时所涉及的认知过程。它好比大脑的指挥或控制中心，监管着我们的行动和心理操作。我们的自我调节能力取决于执行功能的有效发挥。很多心理操作都属于执行功能的范畴，但对自我调节能力影响较大的主要是以下这些：注意力转换（同时注意两个或两个以上的活动，比如边听课边记笔记）、工作记忆（用新信息来更新和清理大脑"文件"）、言语内化（自我对话）、灵活思维（考虑多种选项）、计划（为实现目标而组织行动、执行计划）和抑制（冲动控制）。当这些认知过程充分发挥功能时，学生能以更好的状态投入到解决问题当中，从而克服遇到的困难。我们可以采用各种教学策略，包括四色区的方法，帮助学生学会有意识地调节他们的行动，提高他们的控制能力和问题解决能力。

情绪调节

自我调节的第三个关键要素是情绪调节。我们可以将情绪调节定义为：为达到目的而控制自己的情绪反应的过程，具体包括监控、评估和调节情绪反应的强度和时机。亚里士多德说得非常好："任何人都会生气，这很简单。但选择正确的对象，把握正确的程度，在正确的时间，出于正确的目的，以正确的方式生气，则并不简单。"诚如拉塞尔·巴克利（Russell Barkley）（注意缺陷多动障碍领域的国际权威专家）在其研究中所述，情绪是被事件自动触发的。但我们可以用一些认知要素来调节情绪，比如，保持客观（确定问题大小）、激发积极性、理解他人观点等。学生如果在这几个方面存在问题，调节情绪就会比较困难。情绪四色区课程将致力于培养这几项技能，帮助学生成功实现自我调节。

感觉处理、执行功能和情绪调节这三个神经功能要素彼此联系、相互依存，无论哪一项功能不健全，都将影响一个人整体的自我调节能力。因此，我们需要同时兼顾这三个方面。以上是对自我调节过程的简单介绍。了解更多信息，请访问www.ZonesOfRegulation.com。

"四色区"背后的故事

作为在公立学校工作多年的作业治疗师和孤独症谱系障碍（ASD）资源专家，我接触的学生涉及各种障碍类型，有身体方面的，也有心理和认知方面的。无论哪一种类型，他们很多都表现出自我调节能力的问题并存在挑战性行为，比如，变得过于迷糊、注意力涣散、自我封闭、脾气爆发或行为过激。在作业治疗过程中，我着力解决的是学生在感觉调节方面的需要。可是，情绪调节和冲动控制的问题没有得到解决，他们的成功之路依然障碍重重。显然，我们需要从一个更广的角度来研究自我调节，也要改变我们看待和处理行为的整体环境氛围。

很多时候，妨碍学生顺利融入普通教育课堂的，往往不是学业成绩，而是那些挑战性行为。以我的观察来看，很多用来约束行为的方法，比如积分制、等级评定和罚时出局，都没有解决核心的问题，即对底层技能的培养。基于赏罚的行为矫正方法效果其实并没有那么好。在一篇关于攻击性行为在校干预的有前景的方法的研究文章（Riccomini, Zhang & Katsiyannis, 2005）中，作者发现，孤立、排斥的做法不仅无助于减少消极行为，反而与留级、辍学、学业失败和违法犯罪率的增加有一定的关系。遗憾的是，这些行为管理方法正在学校里被频繁使用着。

我们在应对挑战性行为时容易落入一个误区，即认为只要找到足够强效的激励物，就能纠正学生的行为。但学生之所以出现不恰当行为并不是因为缺乏奖品的激励。将学生高度感兴趣的东西用作奖品的确能激发一定的积极行为，但个人经验告诉我，学生行为不当的原因往往在于不知道**如何**做更好的选择。他们需要专门学习不同的行为方式，并有机会在安全、受支持的环境中练习这些技能。

从更广的角度来看，我们还需要帮助学生学习在未完全失控时及时识别他们的情绪、控制他们的冲动。学生需要一些可以随时取用的调节工具来帮助他们独立完成对自我的安抚而不至于影响整个班级。他们还需要能够理解他人的观点以实现自己的社交目标。在进修孤独症谱系障碍的研究生课程期间，我萌生了一个想法，我要用一个系统而实用的方法来解决自我调节的问题。这个方法最终被命名为"情绪四色区"，简称"四色区"。

我首先利用在校作业治疗和社交小组训练的机会，开始教学生四色区的概念。我亲眼见证了这个概念给学生带来的好处，加上同事们的劝说，我决定将它发展成一门课程——可以与人分享，也让更多学生受益。课程的初稿是我教育学硕士的毕业设计。当时的答辩委员会成员包括卡丽·邓恩·比龙（Kari Dunn Buron）(《神奇的5级量表》[①]作者之一)、凯西·埃尔肯斯（Cassie Erkens）和唐娜·布里顿（Donna Brittain），他们给了我很多指导意见，帮助我完成了将四色区从概念到课程的转化。在这之后，卡丽建议我修订原稿并寻找出版机会。大约在同一时间，我受邀出席了米歇尔·加西亚·温纳主持的"2009年度社交思维供应商大会"并在会上介绍了四色区课程。会后，米歇尔向我发出出版邀请，还提出许多建议，帮助我夯实了课程内容。这些年来，我倍感荣幸，承蒙各位前辈的教诲和提携，成就了四色区课程今日的模样。了解更多四色区课程背后的故事，请访问 www.ZonesOfRegulation.com。

影响了"情绪四色区"的其他课程 》》

在四色区课程产生之前就已经存在很多被广泛使用也备受推崇的自我调节课程了。四色区课程可以说是这些课程的延伸。四色区概念受到了玛丽·苏·威廉姆斯（Mary Sue Williams）和谢里·谢伦伯格（Sherry Shellenberger）的"警觉训练课程"（Alert Program®）的影响（www.AlertProgram.com），也就是通常所说的"你的发动机运转得怎么样？"（How Does Your Engine Run?®）。这一课程广受好评，常被作业治疗师用于教授自我调节，其理论基础是感觉统合。通过此课程的学习，学生知道如何进行警觉状态的自我监控，老师、家长和治疗师也能监控孩子的警觉状态，并且教授他们有助于改变或保持警觉状态的策略。该课程采用认知行为模式和简单具体的语言，帮助学

[①] 编注：《神奇的5级量表（第2版）》中文简体版已由华夏出版社于2020年出版。

生认识不同警觉状态的具体感受，了解哪些感觉支持具有冷静作用，哪些又能提高警觉性，以便他们进行自我调节。四色区课程对这一课程的发展，在于它还教学生认识不同情绪和思维模式对警觉水平的影响。此外，四色区还综合运用感觉支持、思维策略和冷静/正念工具来帮助学生进行不同状态之间的调节。

四色区概念也是对卡丽·邓恩·比龙和米茨·柯蒂斯（Mitzi Curtis）的"神奇的5级量表"的延伸（www.5PointScale.com）。神奇的5级量表是一个用来教授行为及社交情绪概念的视觉工具。它分5个部分，代表一个概念的5种程度。这种结构化的量表系统有助于学生系统地理解和监控各种行为，比如自控水平、语音高低。用不同数字表示概念的不同水平，比较方便学生和老师监控、沟通和反馈目标概念的状态。四色区与神奇的5级量表的相似之处在于它将情绪和警觉状态分成了四个不同的水平。

警觉训练课程和神奇的5级量表为情绪四色区课程的开发奠定了基础。随着四色区课程的持续发展，有一点开始变得明确——米歇尔·加西亚·温纳的"社交思维"（Social Thinking®）可以成为课程内容的有力补充。社交思维帮助学生理解自身及他人的立场和观点，认识自我调节如何影响人际关系。理解这种"社交情绪连锁反应"是情绪调节的一个重要因素。四色区课程会反复提及温纳的社交思维概念。

什么是"情绪四色区"

情绪四色区是用来教学生自我调节的一个概念框架。将学生体验到的纷繁复杂的感受和状态归入这样一个分类系统之中，可以帮助他们以安全的、非评判性的方式识别并表达当前感受，并利用策略或工具来实现状态的转换。四色区将不同的警觉、能量和情绪状态归入四个颜色区。

蓝色区：用来表示警觉性低、情绪低落的状态，比如，当人伤心、难过、疲倦、生病、寂寞或无聊时。此时，身体和/或大脑活动较为缓慢、迟钝。

绿色区：用来表示平静而警觉的状态。我们可以用平静、开心、专注或满意来形容处于绿色区的状态。此时，神经系统感觉安全、有序和畅通，是一种可以投入学习的状态。当然，在其他颜色区时，我们也是能够学习的。

黄色区：用来表示警觉性升高的状态，身处其中的人还保留着一定的自控能力。处于黄色区的人们可能正在经历压力、挫败、焦虑、兴奋、迷糊、紧张、混乱和其他各种稍稍高昂的情绪和状态（开始扭动、摇摆或寻求感觉刺激）。黄色区是人们开始感觉有些失控的状态。

红色区：用来表示一种较难控制的能量极高的状态以及强烈的压倒性的情绪感受。在红色区的人们可能会有亢奋、狂喜、愤怒、暴怒、悲痛、惊慌、恐惧的感觉。

我们可以将四色区比作红绿灯或交通标志。绿灯亮起（在绿色区），可以通行；遇到黄色警示标志要减速慢行或有所警惕，黄色区也是；红灯或"停"字标志意味着停下，当一个人处于红色区时，他/她要停下来想办法重获控制感；蓝色区可以比作公路旁的蓝色休息区标志，当你驾车疲劳时，可以停下来休息，放松身心。

你需要对学生指出并反复强调一点：每个人都会在不同时刻经历这四个不同的颜色区，红色区和黄色区并不代表"坏"或"不乖"。我们会在第4课"我的四色区"专门强化这一概念。**千万不要对学生说这个颜色区好、那个颜色区不好**。相反，你要让他们学会识别自己当下的感受，懂得调节这些感受或颜色区以获得身心的安适以及对情绪和行为的控制。这一点可以通过教授使用各种调节工具来实现。情绪四色区课程力求以中立和不加评判的态度帮助学生认识他们的警觉和感受水平。

在现实中，看到学生处于红色和黄色区时，我们很容易指出来。但如果你对四色区的使用仅限于告诉学生他们没有做让人期待的事，学生肯定就不愿意再练习它了。一定要在他们能够识别自身颜色区（任何一种）或努力尝试使用工具调节他们的颜色区时，给予积极的强化。当他们处于某个颜色区时，你只需对该颜色区做一个简单的确认或命名，就已经能帮助他们识别当时的颜色区了。

四色区词汇 》

以下是四色区课程会用到的其他一些词汇。

工具箱：各种冷静和警觉策略的集合，便于学生按需取用。

工具或策略：可以互换使用的两个词，指用来帮助学生调节的冷静或警觉技巧。

触发因素：使学生的状态失调，更有可能进入蓝色、黄色或红色区的刺激因素。

停、选、行：用来帮助学生控制冲动、寻求更优解决方案的概念。这一表达可以和红绿灯搭配使用以增强提示作用。

期待行为[1]：让周围人对你产生**认可想法**的行为。

非期待行为[2]：让周围人对你产生**困惑想法**的行为。

行为者：在某种情况下做出期待或非期待行为的某个或某些人。

问题有多大？这是个大问题还是小问题？[3]：通过提问，帮助学生衡量正在经历的问题是否严重（大问题、中问题、小问题）。

大问题：牵涉很多人、一时之间找不到令人满意的解决方案的问题。

中问题：牵涉一些人、可以在一小时到几天之内解决的问题。

小问题：只影响一两个人、可以被忽略或在几分钟内解决的问题。

内在批评师：指那些消极的、自我否定的想法。

内在教练：指积极的想法。

弹力超人思维[4]：一种灵活的、可以同时考虑多种观点或做事方法的思维模式。

石头脑思维[5]：一种刻板的、固执于某个想法而无法考虑其他选项或做事方式的思维模式。

---

[1][2][3] 原注：米歇尔·加西亚·温纳所开发的社交思维词汇，出自《想想你，想想我》(*Thinking About YOU Thinking About ME*, 2007)。

[4][5] 原注：斯蒂芬妮·马德里加尔（Stephanie Madrigal）和米歇尔·加西亚·温纳所开发的社交思维词汇，出自《弹力超人社交思维课程》(*Superflex: A Superhero Social Thinking Curriculum*, 2008)。

第二章

预备！

如何使用本课程

本章你将了解更多关于四色区课程的使用方法以及开始教课前你需要做哪些准备。具体内容包括：怎样成立学习小组，如何与学生团队中的其他人合作，学生怎样整理手头的四色区材料，上课的时长、结构和次序安排，你需要哪些材料，以及如何将四色区课程与学业标准相联系。

成立学习小组 》》

在组建四色区学习小组时，如果能将认知能力相似的学生组在一起，将有利于提供更有针对性的教学。2~4人/组是最理想的小组规模，虽然说如果有帮手的话，8~10人的大组操作起来会更加容易。在成组时，我们也需要考虑学生思考自身行为和理解他人观点的能力。如果学生的他人意识薄弱，他/她就很难通过自我调节来满足小组学习的需要。这种情况可能更适合单独或结对学习。在某些情况下，鉴于学生在社交认知和自我调节能力上的不同基线水平，我们会以不同的速度推进课程教学，一些学生就需要接受个别化教学。虽然我们的课程是为小组教学而设计，但其中的很多内容只需稍加调整就可以用于一对一教学。

在理想情况下，自我调节存在困难的学生既可受益于个别化干预，也可受益于小组干预。因此，你可以一对一有针对性地教授四色区课程，同时利用小组教学的优势处理学生在社交方面的问题。加入小组学习需要学生具有更好的调节能力，因为小组会有更高的社会性要求，需要学生顾及并容忍其他学生的存在。那些还没有能力参与小组学习的学生应该先通过一对一教学提高调节能力。

与学生团队合作 >>>

如果所有团队成员（其他员工、家长、课堂辅助人员）都认同并熟悉四色区的概念和术语，就能为学生有效练习自我调节营造一个舒适自在、积极支持的环境。在本课程的配套资料中与这一方面相关的内容，包括一封解释四色区概念的信（材料 1：情绪四色区情况介绍）和一份词汇表（材料 2：情绪四色区词汇表），你可以直接打印分发给所有团队成员。你还要留出时间，与养育者及与学生有密切合作的人员（老师、治疗师、咨询师、行政管理人员、私人诊疗师和辅助人员）沟通学生在提高自我调节能力方面有哪些目标，希望他们提供哪些帮助。在沟通中，你们可以一起细读材料 1 和材料 2 的内容，确保大家理解一致。跟所有团队成员解释，如果他们能在日常的不同环境中持续强化四色区的概念，对学生会很有帮助。

让与学生有密切合作的人在不同环境中示范四色区的语言、强化四色区的概念，可以促进学习内容的泛化，让学生逐渐熟悉并适应四色区语言的使用，进而建立起一套通用语汇，以便于他们和密切接触者沟通感受和需要。鉴于我们很难预料学生什么时候会进入红色或黄色区，与学生密切合作的所有人员最好能随时留意他们所处的颜色区变化。这样，我们才能做好准备，帮助学生及时调节他们所处的颜色区而无须走到"管理行为"这一步。

每次上完课后，复印学生课上完成的各种作业表单，让他们带回家与家长分享。也给相关工作人员复印一份，保持知情状态有助于他们展开工作。这些做法有助于团队成员保持沟通，随时给学生提供必要的支持，帮助他们在各种日常环境中学习自我调节。家庭、学校和外部服务机构之间也应该建立持续、顺畅的沟通。这样，所有人都能及时掌握学生的最新动态，可以根据收到的材料展开讨论，发现问题并有针对性地解决问题，共同促进学生的进步。在与其他人公开讨论学生的情况之前，确保你已经取得养育者的书面同意。团队合作有其烦琐、麻烦的一面，但它又是保证学生成功的关键。研究显示，ASD 和 ADHD 学生的养育者和老师如果有机会学一些支持学生的方法和策略，会让学生取得更大的进步（Miranda, Presentación & Soriano, 2002; Sofronoff, 2005）。

情绪四色区情况介绍

_____将参加情绪四色区课程（简称"四色区"）的学习。此课程由美国执业作业治疗师利娅·凯珀斯（Leah Kuypers）设计开发，目的是帮助他/她掌握自我调节的技能。自我调节有很多不同的名称，比如自我控制、自我管理和冲动控制，指的是身体和情绪的警觉状态达到特定场景所需的最佳水平。比如，当学生在操场玩耍或参加游戏比赛时，最好保持较高的警觉状态，但同样的状态到了图书馆就会产生问题。我们将通过不同课次和学习活动，帮助学生识别他们所处的颜色区，并学会使用策略改变或保持这种颜色区状态。除了加强自我调节，学生还将学到更多表示情绪的词汇，学会解读他人的面部表情，理解他人的观点和感受，洞察自身行为的触发事件，掌握冷静和警觉策略，提高解决问题的能力。

本课程的一个关键点，在于所有团队成员都知晓并理解四色区语言。这样才能为学生练习自我调节营造一个舒适自在并富于支持的环境，帮助他们更快地掌握技能，也更多地将这些技能运用到多种场合之中。在这个过程中，你可以通过以下方式支持学生：

- 根据你自身的情况，在各种环境中适时使用四色区语言、谈论四色区概念，让学生明白每个人都会经历不同的颜色区，大家也都在使用策略控制（或调节）自己，这是很自然的一件事。比如，你可以说："我受不了了，我要进入黄色区了。我需要用工具冷静一下。我来做几个深呼吸。"
- 指出你观察到的学生的状态，帮助他/她觉察当前所处的颜色区和具体的感受。
- 确认学生正处在哪个颜色区，协助他们进行头脑风暴，想出各种调节感受和行为的方法。
- 告诉学生，你和他们之间的颜色区是如何相互影响的。
- 鼓励学生与你分享他们正处在哪个颜色区，帮助他们更自如地使用四色区语言表达感受和需要。
- 对学生受哪些触发因素影响、使用哪些四色区工具表示兴趣。问问学生，是否需要你用提示物来提醒他们使用这些工具以及你应该怎样呈现这些提示物。
- 请学生经常与你分享他/她四色区文件夹里的内容并谈论他/她所学到的东西。
- 务必在学生能够识别他们的颜色区和管理好当时的行为时，给予积极强化。不要只在学生在某个颜色区表现出非期待行为时才加以指出。
- 值得一提的是，每个人都会经历这四种颜色区状态——红色区和黄色区不代表"坏"或"不乖"。处于任何一个颜色区都是没有问题的，也是自然会经历的。不偏不倚、不加评判是情绪四色区课程的题中应有之义。

_____   _____
         （姓名）   （团队角色）

材料 2

情绪四色区词汇表

自我调节：实现特定场景所需最佳警觉状态的能力，包括对身体需要和情绪的调节。

四色区：用来帮助学生学习调节的一个概念。情绪四色区创设了一套分类系统，将人的身体感受和情绪分成四个不同颜色的区域，便于学生识别掌握。

蓝色区：用来表示一种较低的警觉状态，指一个人在伤心、疲倦、生病或无聊时的状态。

绿色区：用来表示一种平和的警觉状态。当一个人处于绿色区时，可以说是冷静、开心、专注或满意的。处在绿色区时，学生有一种很强的内在控制感。

黄色区：用来表示一种升高了的警觉状态。当一个人处于黄色区时，他/她可能正在经历压力、挫败、焦虑、兴奋、迷糊或害怕。处在黄色区时，人的能量升高，但内心仍有一定的控制感。

红色区：用来表示一种极度升高的警觉状态。处在红色区的人可能正在经历愤怒、暴怒、惊慌、极度悲痛、恐惧或狂喜并感觉失控。

工具箱：各种冷静及警觉策略的集合，便于学生按需取用。

工具或策略：可以互换使用的两个词，指用来帮助学生调节的冷静或警觉技巧。

触发因素：使学生的状态失调，更有可能进入蓝色、黄色或红色区的刺激因素。

停、选、行：用来帮助学生控制冲动、寻求更优解决方案的概念。这一表达可以和红绿灯搭配使用以增强提示作用。

期待行为[①]：让周围人对你产生**认可想法**的行为。

非期待行为[②]：让周围人对你产生**困惑想法**的行为。

行为者：在某种情况下做出期待或非期待行为的某个或某些人。

问题有多大？这是个大问题还是小问题？[③]：通过提问，帮助学生衡量正在经历的问题是否严重（大问题、中问题、小问题）。

大问题：牵涉很多人、一时之间找不到满意解决方案的问题。

中问题：牵涉一些人、可以在一小时到几天之内解决的问题。

小问题：只影响到一两个人、可以被忽略或在几分钟内解决的问题。

内在批评师：指那些消极的、自我否定的想法。

内在教练：指积极的想法。

弹力超人思维[④]：一种灵活的、可以同时考虑多种观点或做事方法的思维模式。

石头脑思维[⑤]：一种刻板的、固执于某个想法而无法考虑其他选项或做事方式的思维模式。

---

①②③原注：米歇尔·加西亚·温纳所开发的社交思维词汇，出自《想想你，想想我》(*Thinking About YOU Thinking About ME*, 2007)。
④⑤原注：斯蒂芬妮·马德里加尔和米歇尔·加西亚·温纳所开发的社交思维词汇，出自《弹力超人社交思维课程》(*Superflex: Superhero Social Thinking Curriculum*, 2008)。

©2011 Think Social Publishing, Inc. All rights reserved.
From *The Zones of Regulation*™ by Leah M. Kuypers · Available at www.socialthinking.com

管理四色区文件夹 》》

建议你给每个学生准备一个专门的四色区文件夹（双面插袋式或三孔活页式均可），用来存放他们收到的讲义和完成的作业资料。也可以让学生自己提前准备文件夹：为体现个人特色，让他们在封面上画画，可以画让他们感觉平静的某个地方，也可以画他们在做最喜欢的事；如果不会画画，也可以用照片，照片里学生正在做他/她最喜欢的事。记得在文件夹写上学生和老师的名字，以防丢失。让学生将文件夹放在一个便于拿取的地方。此外，还可以将与四色区和四色区概念相关的视觉支持材料张贴到课桌、墙、冷静区等地方，以备学生不时之需。你可以从本书的配套材料中直接打印各种讲义资料。

鼓励学生与其他同伴及成人分享文件夹中的信息。为防止文件夹资料遗失，建议你收好原件，与家长或其他员工分享时只用复印件。通过信息分享，学生会知道大家都在帮助他们掌握自我调节技能，也会因此而更加自信地练习技能并将它们运用到不同的环境中去。

小组课结构 》》

一般来说，根据小组规模、课堂讨论时长和学生能力的不同，一节小组课的时长为30~60分钟。老师要理解所教概念，为了帮助老师更好地理解这些概念，每一课的开头都有相关背景介绍。上课也都遵循导入—学习活动—总结的流程。将每一课的教学计划写在黑板上，有助于学生建立对上课内容的预期，也满足他们对结构化的需求，减轻他们的焦虑。教学计划的呈现也有助于那些需要外部提示的学生计划并组织他们的行动。有些课的学习活动不止一项，或同一项活动会有不同的调整，以适应不同学生群体的需要。还有些课会有附加活动，它们是对课程内容的拓展，起到进一步强化概念的作用。如果学生正在学习的新技能建立在已学技能基础上，那么你可以顺带复习一下之前的课程或作业。比如，在学习什么时候使用黄色区工具（第14课）时，可以提醒学生回想"黄色区的我"是什么样子的（第6课）。

每一课都会包含若干探究性问题。这些问题可以用来促进课堂讨论，加深学生对概念的理解并发现这些概念与个人生活的有意义的联结。

课程结束以后，与学生有密切接触的人应该继续以有意义的方式在日常生活中应用四色区的概念。比如，经常告诉学生你或其他人正处在怎样的颜色区里，**你们正在使用哪些工具进行自我调节**。然后，再反过来问学生他们正在哪个颜色区里。当他们能尝试使用调节工具时，积极予以强化。你也应该与学生一起研究哪些环境或促发因素会导致他们的状态失调，督促他们将四色区的概念和工具应用到自我调节中去。

将四色区课程和学业标准相联系 》

情绪四色区课程可以直接照搬使用，也可以适当调整以契合基础教育体系的学业标准。以下是将课程教学与学业标准相联系的一些例子。

数学方面，可以在学习活动中安排绘制和解读折线图和条形图的内容。随着课程的推进，让学生收集四色区相关的数据并从中得出结论，比如，他们觉得哪种冷静工具最为有效。也可以让学生在学习活动中探索数据规律，比如，判断是否有特定科目或一天中是否有特定时间会让他们进入非期待的颜色区。

阅读和文学方面，通过学习识别各种感受，学生将扩大词汇量，尤其是情绪方面的词汇。将阅读纳入学习活动之中，要求学生做出推理性理解、根据插图和文字进行预测、将文本内容与已有知识和经验联系起来，这些都将挑战学生的阅读理解能力。通过文学故事中主人公不善于自我调节以致搞砸人际关系的细节，请学生回答问题，比如，如果他们处在相似的境地，会使用什么样的工具。老师如果想在学习活动中完成识字和书写的教学目标也未尝不可。

每个学习活动都有讨论环节，因此我们还可以将听、说目标融入其中。让学生参与有关四色区概念的对话和正式讨论，鼓励他们有效地沟通：听从两步指令，注意并理解信息的含义，对同伴及成人表达他们的需要、感受和想法，根据语言环境选择恰当的音量，等等。

四色区课程也强调个性品质的培养，比如，关心他人、诚实、尊重权威、勤奋、自律、耐心、宽容、尊重他人、以和为贵、随机应变等。此外，课程还重视以非暴力方式解决冲突。四色区课程将提高学生对他人的平等、尊重、理解意识，鼓励有效沟通、个人责任担当、决策考虑周全、积极解决争端,培养有用的应对技能、批判性思维以及倾听和观察技能。本课程还可用于多层支持系统(Multi-Tiered Systems of Support,MTSS)的实施过程,帮助减少学生的问题行为,最大程度地保证他们的成功。

检验学习效果 >>>

关于如何评估学习效果,每一课都会有一些建议。另外,第三章、第四章和第五章的最后也都会介绍检验整章课程学习效果的非正式方法。这些方法包括:在学生参与讨论和活动时注意听他们讲话,了解他们对学习内容的理解程度;留心他们的作业表现;直接观察他们对技能的应用;听学生及与他们密切接触的人报告情况。每一章的每一节课中都应该持续进行这样的检验。这样你才能掌握哪些学生还需要额外支持,哪些学生已经掌握概念,可以往下学习了。

写日志,一种适应性调整

写日志是在整个课程教学过程中都可以采用的一种重要的适应性调整。作为课堂讨论的替代,学生可以以写日志的方式来思考课上提出的问题。通过写日志,我们可以评估学生对所学概念的理解程度,同时锻炼他们的语文学习能力。如果你让学生写日志,还会根据内容和结构打分,那么务必向他们明确你对标点、拼写、语法、字迹、构思等的要求。如果你并不考查写作结构方面的内容,那么,可以让学生只注意拼写、语法、标点等事项并提前写在备忘的纸条上。

课程次序 >>>

情绪四色区的教学内容集中在接下来的三章之中:

- 在第三章将带学生认识四个颜色区。通过学习活动,学生将学习识别任一时刻他们所处的颜色区,了解他人的观点,理解自我调节能力如何影响他们全天的状态,找到让他们进入黄色或红色区的触发因素。

- 第四章的学习活动旨在教学生认识具有冷静作用和能提高警觉性的工具。这些工具包括感觉支持、冷静技巧和思维策略。
- 第五章的学习活动旨在教学生为什么、什么时候以及怎样使用他们在第四章探索过的工具来影响他们的颜色区。他们也将学习如何将这些工具融入日常生活之中。

第三章和第五章的课程应该按照书上的顺序逐一引入，因为它们是前后相续、层层递进的。递进的部分又在可控的范围之内，便于你和学生处理其中的信息。第四章的课程则不论次序，只要学生能分辨某个工具适用于哪个颜色区，就可以引入教学（比如，如果一个工具能让他们冷静，就可以在黄色或红色区使用；让他们更加警觉，就可以帮助蓝色区中的他们；让他们保持专注，则可用于绿色区）。这需要学生能理解每个颜色区所代表的状态和具体感受（第4课），判断一个工具对他们是否有用（具体的排课顺序，详见图1）。在理想情况下，学生还在学习第三章时就可以开始有规律地探索并练习使用第四章的工具了。你可以在每次小组课教学的开头，用5分钟时间练习和思考某一个工具，再引入主课的教学。

一旦学生掌握了几个有助于他们出入颜色区的工具，就可以开始第五章的教学，帮助他们管理这些工具并更加有效地用之于自我调节了。第18课"庆祝我使用工具了"，是强化学生对工具的使用，在第13课之后就可以开始逐渐渗透。第18课有"四色区证书"这一内容，这个证书可以在学生的"工具奖状"（详见第18课）达到事先约定的数量后发放，也可以在课程结束时统一发放。

根据学生能力和年级的不同，课程中的学习活动有的比较适合他们，有的或许不那么适合，但所有的课堂讨论问题都可以用来深化他们对概念的理解。

在实际教学中你会发现，很多学习活动需要经过多次或有规律的重复才能发挥最大的效用，使学生透彻理解其中的概念并将所学技能运用到日常实践之中。第4课之后的每一课基本上都需要这样不断重复。

学会自我调节并非一日之功。需要你在教授的过程中付出时间、耐心、理解和支持。学生多久能独立进行自我调节存在很大的个体差异。有些人几周就能学完所有课程，稍加努力就能将概念泛化到日常生活之中。也有些人需要经历比较漫长的过程。如果学生总是不见进步或无法理解课上介绍的概念，就不妨暂时停下来。经过几个月的沉淀，等他们更加成熟、认知能力提高之后，也许会更加胜任课程的学习。在停课期间，你可以继续强化和帮助他们应用已经掌握的技能。

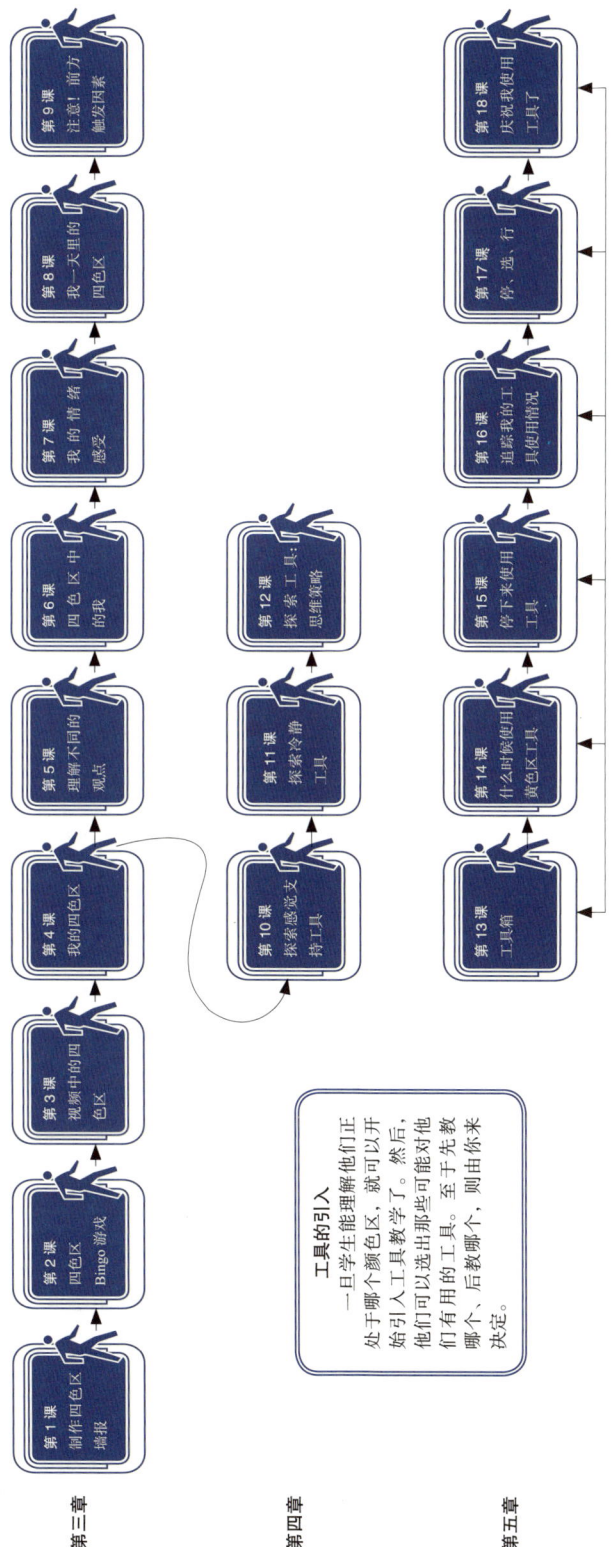

图 1　四色区课程教学路线图

准备材料 >>>

本课程涉及的所有讲义和作业资料都被收录在"可下载配套资料"之中，请自行打印。虽然大部分的准备工作可以在每一课课前完成，但有些推荐材料可能需要较长时间才能备齐。具体包括以下这些：

- 与四色区相应的四种颜色的卡纸，外加黑色卡纸
- 与四色区相应的四种颜色的彩铅、马克笔或蜡笔
- 不褪色的黑色记号笔（最好是细笔头）
- 学生每人一个文件夹（插袋式、活页式均可）
- 为年龄较小的学生准备：图书《下雨的星期一》(*On Monday When It Rained*, Cherryl Kachenmeister, 1989) 或绘本《我的情绪》(*The Way I Feel*, Janan Cain, 2000)（第 1 课用）
- 可以剪下情绪图片的杂志（第 2 课用）
- 为年龄较大的学生准备：电影《局外人》(*The Outsiders*, 1983)（第 3 课用）
- 为年龄较小的学生准备：由查尔斯·舒尔茨（Charles Schultz）创作的漫画《查理·布朗》(*Charlie Brown*) 改编的电影动画片，或迪士尼《海底总动员》(2003)（第 3 课用）
- 数码相机及照片打印设备（电脑、打印机、纸）（第 6 课、第 18 课用）
- 由哈利·阿拉德著、詹姆斯·马歇尔绘的绘本《尼尔森老师不见了》（第 6 课用）
- 为年龄较小的学生准备：《我的情绪是怎样的？：情绪认知互动读本》(*How Do I Feel? An Interactive Reading Book of Emotions*, Joan Green, 2004)（第 7 课用）
- 为年龄较大的学生准备：《我也有情绪！：青少年、成人及老年人情绪认知互动读本》(*I Have Feelings, Too! An Interactive Reading Book of Emotions for Teens, Adults and Seniors*, Joan Green, 2004)（第 7 课用）。**老师须知**：有些青少年可能会觉得读本中的插图比较幼稚
- 课堂探索用感觉工具，包括以下任意品种：解压球或橡皮泥（Silly Putty®）/ 康复训练泥、米桶、加重盖毯 / 背心 / 膝垫、充气坐垫（比如 Move-n-sit 或 Disc-

o-sit 的楔形或饼形坐垫，可提供轻微晃动的坐感）、降噪耳机、滑板、跳绳或蹦床、自行车或滑板车、豆袋沙发或超大号枕头、康复球（第 10 课用）
- 海绵或泡沫块（床垫商店或工厂一般可免费提供边角料）（第 12 课用）
- 强力胶带（第 12 课用）

课程内容增补

作为对课程的补充，我们在"可下载配套资料"中增加了资源推荐的内容。其中一些是关于策略、方法和技巧的信息，包括课程里提到的那些值得信赖的作者的著作。除此以外，资源推荐中也列出了其他一些有助于强化学习的补充资料、书籍和工具信息。考虑到学生实现自我调节还需要学会换位思考，情绪四色区课程在适当修改原作（经允许）的基础上采用了米歇尔·加西亚·温纳对若干"社交思维"概念的教学设计，你可以在这本书里看到这一部分的内容。希望此举能方便读者和学生一起探索"社交思维"的概念，让四色区的自我调节课程更加充实、完整。除此以外，温纳的《想想你，想想我（第 2 版）》及其姊妹篇《这样思考才会社交！》（*Think Social!*）也是四色区课程的绝佳补充。

第三章

跑！

初步认识四色区

通过本章几课的学习，学生将明白他们有不同的颜色区，或者说不同的警觉水平和情绪状态。这几课的学习活动旨在帮助学生拓展情绪词汇、识别自身及他人的情绪、理解他们的状态对周围的人有何影响并认识哪些触发因素会导致失调状态。学生开始认识到：他们的情绪、他们的感觉和生理需要以及周围环境都可以影响他们的颜色区状态。他们也将学到：每个颜色区都是被期待的，没有好坏之分。这个阶段的课程重点在于建立自我意识。本章末尾"检验学习效果的方法"推荐了打卡、四色区翻翻书和墙报这三种方法，帮助你判断学生对概念的掌握情况。

本章目标

到本章结束时，学生将能够：

- 识别各种情绪并认识它们与特定颜色区之间的联系（第1、2、3、7课）
- 读懂与他们正在经历的和颜色区相关的身体信号（第3、6课）
- 深入了解哪些触发因素和环境条件会影响他们的颜色区（第4、8、9课）
- 理解他们的颜色区和行为如何影响他人的观点（第3、4、5、8课）

在本章几课中，学生将思考以下重要问题：

- 什么是"四色区"？
- 它可以如何帮助你判断你此刻感受到的是哪一种情绪或警觉状态？

- 不同情绪在不同颜色区中起着怎样不同的作用?
- 你在不同颜色区的行为会怎样影响其他人对你的看法?
- 理解哪些因素会改变你的颜色区对你有什么好处?

老师须知

此时,你应该已经在为学生准备第二章提到的"四色区文件夹"了。

教学设计和学习活动

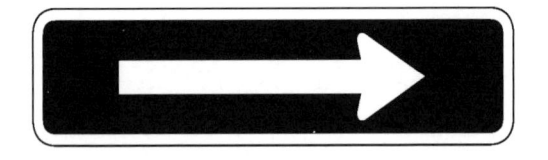

第1课 制作四色区墙报

活动目标

- 学生熟悉"四色区"概念
- 学生扩展情绪词汇
- 学生提高对表情的认识

材　　料

- 30厘米×45厘米卡纸：绿、黄、红色卡纸各2张，蓝色卡纸1张（这四个颜色合称"四色区颜色"）
- 黑色卡纸1张
- 四色区颜色的马克笔
- 胶水
- 剪刀
- "四色区情绪"一套（见材料3）
- 也可以用 Boardmaker™（www.mayer-johnson.com）之类的软件自制"情绪"图像
- "四色区标签"一套（见材料4）
- 学生每人一份"情绪四色区视觉材料"（见材料5）
- 给年龄较大的学生：用来收纳剪下的图片的容器，如帽子、小桶或罐子
- 给年龄较小的学生：图书《下雨的星期一》或绘本《我的情绪》

概述

本次学习活动将带学生认识用来区分人们体验到的不同情绪和警觉状态的四个不同的颜色区，并制作相关视觉材料用于教室展示（见图2）。学生将通过从容器中抽取的各种情绪图像，或图画书中对不同情绪的描述，学习辨别四个不同的颜色区，为课程学习打下基础。在这个过程中，学生也将拓展情绪方面的词汇并提高表情识别能力。

四色区墙报的准备（以后会和学生一起填充内容）

- 从"可下载配套资料"中打印"四色区情绪"页（材料3）。年龄较大的学生：剪下所有表示情绪及警觉状态的图片并放入容器。年龄较小的学生：剪下与图画书或绘本中的情绪相一致的图片并放到一边。
- 用四色卡纸剪出相应的交通标志形状。为了让视觉材料的尺寸足够大，你需要将同色的两张卡纸（除蓝色）粘连起来，然后将红色卡纸剪成35厘米×35厘米的正方形，再剪去四角，形似八角形"停"字标志；将黄色卡纸剪成35厘米×35厘米的正方形，再旋转成菱形警示标志的样子；将绿色卡纸剪成直径35厘米的圆形，形似绿灯；直接将整张蓝色卡纸用作长方形休息区标志。
- 将黑色卡纸剪成2.5厘米×30厘米的长条，用作交通标志的支撑杆。将支撑杆与标志粘在一起。一种更简单的做法，是将剪好的四个图形从左到右按蓝、绿、黄、红的顺序粘成一串。
- 将四色区标签涂上相应的颜色（如果是黑白打印），再一一粘贴到对应图形的中心。将"情绪四色区"这一标签粘贴到你准备张贴四色区墙报所在位置的正上方。
- 将四色区墙报张贴到教室中学生容易看到的地方。
- 将上课计划写到白板上：
  1. 导入
  2. 制作四色区墙报
  3. 总结

导入（所有年龄）

1. 问问学生，他们能否将我们所有的感受和行为归入四个不同的组或区，引发他们的兴趣。借助墙报的视觉提示，将四色区的概念介绍给学生：

- 我们可以用四种不同的颜色区来表示大脑和身体的各种感受。
- 蓝色区是指能量水平较低、情绪低落的状态，比如，当我们难过、疲倦、生病或无聊时。
- 绿色区是指当我们感觉心平气和、能量饱满、自控力良好时的状态。处在绿色区时，我们会感觉开心、专注、满意或自豪。
- 黄色区是指我们的能量水平开始上升、情绪有所升级的状态。处在黄色区时，我们会有担忧、尴尬、迷糊、激动、挫败或坐不住想要扭来扭去的感觉。
- 红色区是指我们能量飙升、情绪强烈的状态。处在红色区时，我们可能会感觉特别开心或亢奋，也可能会十分生气甚至怒火中烧，或者感到惊慌、悲痛、恐惧或失控。

情绪四色区

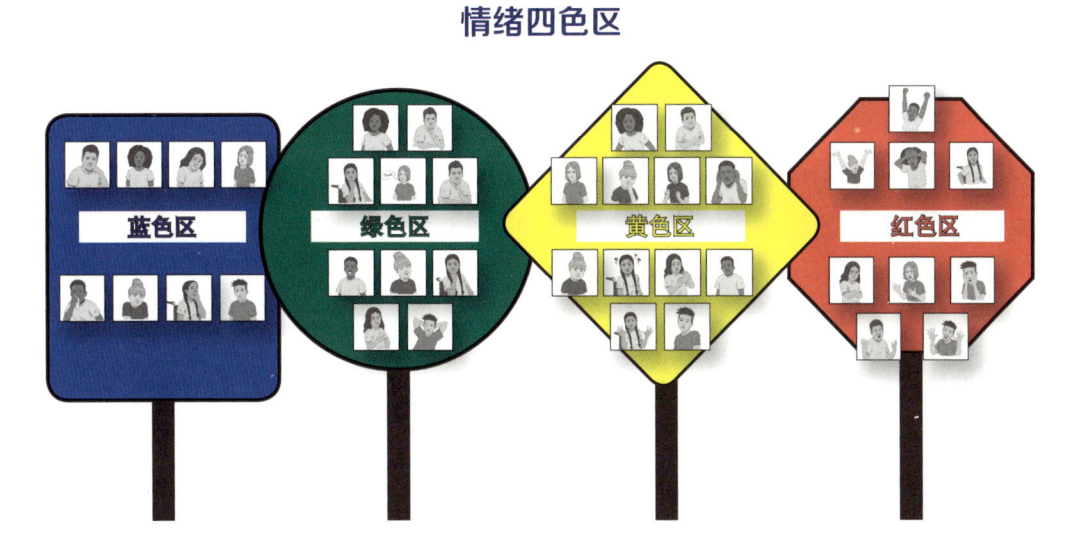

图 2　四色区墙报

2. 点明本次活动的目标。告诉学生，接下来他们将参与一个活动，需要将不同的情绪和身体感受归入四个颜色区中。

活动（不同年龄组）

年龄较小的学生

对于学前及小学低年级学生，你可以以如下方式展开活动：

1. 介绍四色区，并告诉他们要通过看一本书来学习怎样用四色区表示他们的感受。
2. 给学生朗读《下雨的星期一》或《我的情绪》中对主人公情绪感受的具体描述。
3. 在揭晓主人公的情绪之前，让学生猜一猜主人公是哪一种情绪以及当时处在哪一个颜色区里。
4. 在你朗读到某一种情绪/状态时，让学生从材料 3 中选出相应的图片并粘贴到四色区墙报相应的颜色区内。比如，迷糊－黄色，害怕－黄色，失望－黄色或蓝色，开心－绿色，难过－蓝色，愤怒－红色，感谢－绿色，懊恼－黄色，害羞－黄色或蓝色，无聊－蓝色，激动－黄色，嫉妒－黄色或红色，自豪－绿色。

5. 让学生举例说一说他们在什么时候体验过这些情绪，评估他们识别自身情绪的能力。活动结束后，向学生强调一点：在不同时候经历不同的颜色区是正常的；每个人都是这样，这是我们天性的一部分。

年龄较大的学生

对于小学中高年级到高中的学生，你可以以如下方式展开活动：

1. 让学生轮流从容器中选出一张图片。选择图片的学生需要告诉同学这是哪一种情绪并展示图片（注意提示学生，发言时要面向同学而不是对着墙报）。如果学生对该情绪不是很了解，给他们举例我们会在什么时候体验到这种情绪（比如，有时候我会在考试前感到**焦虑**）。

2. 让选择图片的学生给同学演示与所选情绪相关的面部表情。

3. 小组讨论应该将该图片贴到哪个颜色区里（以此非正式地评估哪些学生掌握了四色区的概念，哪些还没有。给比较有困难的学生提供更多的支持）。

4. 让选择图片的学生根据小组意见将图片粘贴到海报上与之对应的颜色区里。

5. 将粘贴好的海报作为视觉材料展示出来，比如，贴到与学生视线齐平的整洁的墙面上，方便学生持续查看。上完这一课后，让学生经常参照海报来完成打卡任务并进一步学习四色区的内容。

总结

在下课之前，让学生说一说他们当下的感受，请他们判断自己正处在哪个颜色区里，以此评估他们识别自身颜色区的能力（见本章末尾"检验学习效果的方法"中"打卡"部分的内容）。引导问题讨论，进一步评估他们的理解程度：

- 将你们的感受和行为归入四个颜色区，对你们理解自己有哪些帮助？
- 对你们理解同学又有哪些帮助？

强调当他们能够理解自己的感受时，他们可以更好地控制自己。比如，当意识到自己不耐烦或恼火时，他们可以想办法缓解这种情绪。就算他们还没有掌握缓解的方法，至少也能用"四色区"这一通用语言来告诉别人他们的感受。

泛化学习的方法

- 与其他团队成员、家长和员工分享"情绪四色区情况介绍"（材料1）和"情绪四色区词汇表"（材料2）。
- 向普教学生普及四色区的概念，在全校范围内推行四色区语言。
- 大声说出你的四色区波动情况。
- 将四色区海报张贴到学生长时间活动的地方（食堂、教室）。
- 学生每人带一份"情绪四色区视觉材料"（材料5）回家，为亲子讨论提供视觉参考。
- 复印多份"情绪四色区视觉材料"，张贴到学生常去的地方。

第1课附加学习活动

猜猜我在哪个颜色区

告诉学生，他们将表演不同的颜色区，让其他同学猜一猜。把四色区颜色的纸剪成小方块，放入容器。每次请一位学生从中抽取一张纸片，抽之前要仔细想好。让那位学生表演该颜色区可能会出现的某种情绪感受（必要的话，提示某一种情绪）。其他学生如果知道该学生表演的是哪个颜色区，举手回答。表演者选择其中一位同学作答。根据表演者和回答者的表现，衡量他们的学习效果。

材料 3

四色区情绪

蓝色	伤心	难过
沮丧	疲倦	生病
无聊	疲惫	害羞

©2011 Think Social Publishing, Inc. All rights reserved.
From *The Zones of Regulation*™ by Leah M. Kuypers · Available at www.socialthinking.com

材料 3

四色区情绪

绿色	满意	希望
舒适	自豪	感激
开心	平静	轻松
专注	赞同	

©2011 Think Social Publishing, Inc. All rights reserved.
From *The Zones of Regulation*™ by Leah M. Kuypers · Available at www.socialthinking.com

四色区情绪

黄色	激动	懊恼
紧张	担心 / 焦虑	迷糊
生气	尴尬	受不了
嫉妒	心烦	害怕
疑惑		

©2011 Think Social Publishing, Inc. All rights reserved.
From *The Zones of Regulation*™ by Leah M. Kuypers · Available at www.socialthinking.com

材料 3

四色区情绪

红色	狂喜	恼火 / 愤怒
暴怒	悲痛	惊慌
恐惧	失控	亢奋
		放肆

©2011 Think Social Publishing, Inc. All rights reserved.
From *The Zones of Regulation*™ by Leah M. Kuypers • Available at www.socialthinking.com

材料 4

四色区标签

蓝色区

绿色区

黄色区

红色区

©2011 Think Social Publishing, Inc. All rights reserved.
From *The Zones of Regulation*™ by Leah M. Kuypers • Available at www.socialthinking.com

材料 4

四色区标签 (第 2 页)

情绪

四色区

材料 5

情绪四色区视觉材料

红色区	怒火/愤怒 恐惧 亢奋/狂喜 悲痛 失去控制
黄色区	懊恼 担心 迷糊/扭来扭去 兴奋 失去部分控制
绿色区	开心 平静 赞同 专注 放松
蓝色区	伤心 生病 疲倦 无聊 行动迟缓

©2011 Think Social Publishing, Inc. All rights reserved.™

第 2 课　四色区宾果游戏

活动目标

- 提高学生的情绪识别能力
- 提高学生的表情识别能力
- 深化学生对四色区的理解

材　　料

- 宾果标记物，比如，宾果笔（专门用来涂抹宾果卡的彩色马克笔）、卡纸方块、筹码币、硬币等。可能的话，使用四色区颜色的标记物
- 裁纸刀或剪刀
- 学生每人一张"四色区宾果卡"（见材料6）
- "四色区情绪"图卡一套（见材料3）
- 收纳四色区情绪图片的容器，如帽子、罐子、小桶之类

> **老师须知**
>
> 演示各种表情对于很多自我调节存在挑战的学生来说可能会有难度。如果他们的情感表达较为平淡，不似同龄人般活泼，那么更可能会是这样。

概述

在本学习活动中，学生将通过玩宾果（Bingo）游戏，练习演示表情和猜测别人的表情。本课的目的在于让学生以有趣的方式继续学习识别情绪并拓展情绪词汇。你也可以利用这个非正式的机会，考查学生是否能够将各种情绪准确归入相应的颜色区里。

准备

- 需要的话，自制宾果标记物：将卡纸剪成边长3厘米的方块，与"四色区宾果卡"搭配使用。
- 给学生每人复印一张"四色区宾果卡"。
- 复印材料3"四色区情绪"图卡，剪下所有情绪图片，放入容器中。
- 发给学生每人一张"四色区宾果卡"和一套宾果标记物。
- 将上课计划写在白板上：
  1. 导入
  2. 四色区宾果游戏
  3. 总结

导入

1. 做一个夸张的表情，让学生猜猜是哪一种情绪。继续演示各种表情，直到学生猜不出为止。

2. 提出问题：为什么我们需要看懂别人的表情？

向学生解释，读懂他人的表情有助于我们更好地判断别人的想法和感受。我们可以根据他人的表情推测他们当时的想法，从而调整我们的自处和与他人互动的方式。

3. 点明本次活动的目标。

活动

1. 告诉学生，他们将通过玩四色区宾果游戏，练习识别各种表情，并探索更多新的情绪。

2. 说出不同的情绪名称，给学生时间，让他们在宾果卡上找到与之匹配的情绪图片。如果准备了四色区颜色的宾果标记物，让他们用相应的颜色进行标记。如果学生找不到与情绪对应的图片，可以让另一位学生给他/她演示该种表情。

3. 你可以通过观察学生能否从宾果卡上找到正确的情绪图片，评估他们的学习情况。

4. 让学生继续在宾果卡上标记图片，直到横、竖或对角连成一线，喊出"Bingo"。为了确认学生是否准确理解了图示情绪，可以让他们说出图片所代表的情绪名称并判断它们分别属于哪一个颜色区。

总结

以提问结束本次课程，在讨论问题的过程中评估学习效果：

- 你们学到了哪些新的情绪或表情？
- 可以演示一下吗？
- 读懂他人的表情对你们判断他们的颜色区有什么帮助？
- 读懂某个人的表情会怎样改变你和他／她的交往方式？

再一次强调，我们可以从一个人的表情得知他／她的想法或感受。当你能看懂别人的想法时，你就能调整你的行动。给学生举个例子，比如，做一个愁眉苦脸的表情，问他们应该做出怎样的反应。请学生来做表情，其他同学回答他们应该怎么办。

泛化学习的方法

- 接下来的一周，让学生通过观察他人的表情来猜测他人正处于哪个颜色区。
- 让学生对着镜子练习各种情绪表情。也可以在洗漱时和父母一起进行这样的练习。

第2课附加学习活动

四色区拼贴画 创意来自埃斯特尔·加西亚（Estelle Garcia）

让学生从杂志上寻找并剪下经历不同情绪的人物的图片。给学生每人一份四色区标签（材料4），让他们将标签分别粘贴到相应颜色的卡纸上。让学生将剪下的图片归入四个颜色区中。观察他们是否能将图片归入正确的颜色区，以此来评估他们对四色区和情绪的理解程度。确认无误后，让学生将图片贴到相应的颜色区里。你还可以让学生在每张图片旁写出图中人物的情绪，做进一步的强化。将拼贴画展示出来，方便学生日后参考使用。

材料 6

四色区宾果卡

（卡片 1）

©2011 Think Social Publishing, Inc. All rights reserved.
From *The Zones of Regulation*™ by Leah M. Kuypers • Available at www.socialthinking.com

四色区宾果卡

（卡片 2）

材料 6

四色区宾果卡

（卡片 3）

©2011 Think Social Publishing, Inc. All rights reserved.
From *The Zones of Regulation*™ by Leah M. Kuypers · Available at www.socialthinking.com

材料 6

四色区宾果卡

（卡片 4）

材料 6

四色区宾果卡

（卡片 5）

©2011 Think Social Publishing, Inc. All rights reserved.
From *The Zones of Regulation*™ by Leah M. Kuypers · Available at www.socialthinking.com

材料 6

四色区宾果卡

（卡片 6）

材料 6

四色区宾果卡

（卡片 7）

©2011 Think Social Publishing, Inc. All rights reserved.
From *The Zones of Regulation*™ by Leah M. Kuypers · Available at www.socialthinking.com

材料6

四色区宾果卡

（卡片8）

该加油了
在开始后面的课程之前

在第一章谈到，米歇尔·加西亚·温纳为她的社交思维法（www.socialthinking.com）编创了一套社交思维词汇。这套词汇被整合进了四色区词汇之中，用来帮助学生探索我们彼此之间的想法和感受是如何相互影响的。在教授四色区课程之前，请将以下社交思维概念和词汇介绍给学生：

- "期待"和"非期待"行为
- "你可以改变/影响我的感受"
- "认可的想法"和"困惑的想法"

至于如何介绍和强化这些社交思维词汇，你可以学习下面这几课的内容。这些内容来源于米歇尔·加西亚·温纳的《这样思考才会社交！》，在收录进四色区课程时做了一定的调整。收录这些社交思维概念是为了帮助学生实现他们的社交目标，比如，建立关系、与同伴合作等。这些词汇会在接下来的四色区学习活动中反复出现。

课程：期待和非期待行为[①]

这一课要让学生知道，我们所有人都会注意彼此的行为并根据情境（社交场景及场景中的人）判断这种行为是期待的还是非期待的。

重要词汇
期待行为
非期待行为

如何上这一节课

1. 鼓励学生加入小组。与学生围坐一圈。

---

① 原注：授权改编自《这样思考才会社交！》，第36页。

2. 观察哪位学生比较乐于加入小组（期待行为）。

3. 现在，作为老师，你一边跟学生讲话，一边做出一系列罕见的或非期待的行为。

（1）躺到地板上，或身体背对小组学生，或瘫坐在工作台上。

（2）若无其事地开始教学生怎样加入小组。

（3）观察学生的反应。

4. 30秒到两分钟后（取决于学生是否好奇你是怎么回事），问问学生，有没有觉得你的行为方式让人困惑。

（1）鼓励他们讨论你的行为如何不符合期待。

（2）允许他们说出对你的非期待行为的感受。

（3）口头表扬他们能发现这种行为是令人困惑的，因为这种行为让他们感觉"紧张""困惑"或"不安"。

5. 在白板上画出两个竖列，在顶端写上场景（比如"加入课堂小组"）。在一列上端写"期待行为"，另一列上端写"非期待行为"。如果学生的年纪太小，不识字，可以分别画个笑脸和哭脸。

（1）根据学生的反馈，列出他们期待你和小组其他人在该场景会出现的行为。

（2）再列出那些不被期待的行为。如果学生比较年幼，可以用画画代替。

6. 感谢学生分享他们对加入小组这件事的看法。再一起来看看他们有多么"聪明"，能够认识到任何场景中都存在期待和非期待行为。当个体的行为符合场景期待时，人们会感觉比较舒适或安全。当个体的行为不符合场景期待时，人们会感到比较困惑或不安。

课程：我们的行为影响着周围人的感受[①]

重要词汇

"你会改变（影响）我的感受。"

你现在可以跟学生谈论一个事实：当你看到他们做出期待行为时，你会产生比较积极的感受（自豪、开心等）。再顺势转向另一种情况：当你看到学生表现出非期待行为时，你会感到比较困

---

① 原注：授权改编自《这样思考才会社交！》，第40页。

感（担心、不安全等）。当学生意识到自己会影响他人的想法和感受时，更有可能好好表现，让别人感到舒适。需要注意的是，有些学生对此可能不以为然，但他们仍需理解这一信息。

如何上这一节课

1. 借助有各种情绪图示的海报或图卡（比如，材料 3 "四色区情绪"），让学生想想用来描述各种"感受"的词语。

2. 讨论"所有人都有感受"这一事实。解释说，即使在此刻，在小组中，他们也会对教室环境、周围的人和这堂课产生各种反应和感受。

3. 列举在你或学生做了期待行为之后，学生会有哪些感受（比如，安全、舒适、开心等）。

4. 列举在你或学生做了非期待行为之后，学生会有哪些感受（比如，不安全、担心、难过、疑惑不解等）。

5. 讨论人们的感受会因周围人的感受、行为而发生变化。朗读一段文字或故事，体会其中人物角色的行为是如何因其自身的感受而发生变化的。比如，读绘本《尼尔森老师不见了》。在这个故事里，尼尔森老师对班上学生的行为束手无策，于是乔装成巫婆的样子回到课堂。学生的行为随之发生变化。当他们开始遵守规矩时，尼尔森老师又回来了。

6. 一个人的行为会影响其他人的情绪感受，你还知道哪些故事里也有这样的情况？讨论行为与感受之间的关联。

7. 引出概念"我们会改变（影响）彼此的感受"。对比较年幼的学生，表达要简单，比如"你们会改变彼此的感受"。对年龄较大些的学生，则可以用复杂一点的词汇，比如"你会影响或感染我的感受"。跟他们说一说最近有哪些行为让你产生了积极的反应/感受。讨论哪些行为让人困惑，仅限一般性讨论，避免点名道姓。比如，学生可以讨论，他们不喜欢同学不遵守小组计划或和老师争吵。你会发现，有些学生虽然自己做不到，但坚信其他人应该做出符合场景需要的期待行为。

8. 记住，如果学生在小组中有良好的表现，一定要指出来（尤其是之前总是有些困难、现在却做得很好的情况）。但是，对于存在困难又表现不佳的学生，切勿加以指出。让学生丢脸对学习没有任何好处！请牢记，调节自身行为和情绪对某些学生来说是特别困难的一件事！

课程：认可的想法和困惑的想法[①]

重要词汇
认可的想法
困惑的想法

无论在学校、家庭还是社区，我们每个人都会对别人产生很多想法。换句话说，我们所有人都必须意识到，别人对我们也是有想法的——即使我们连话都没有跟他们讲！别人对我们的想法很多是中性的，或者是认可的。但我们也会在某些时候让他人产生困惑的想法。当我们在某个场景中表现出非期待行为的时候，往往就会有这样的情况。

让学生讨论，他们在课上或操场上见过同学有哪些符合他们期待的行为。他们什么时候对同伴有过"认可的想法"？为什么觉得认可（比如，因为同伴听从老师的教导、乐于分享等）？在学校，他们什么时候对别人有过困惑的想法？举例说说周围人的哪些行为或语言让他们感到困惑。对于十岁以上的儿童和青少年，可以播放"电梯里的尴尬瞬间"之类的短视频，让他们看看那些使人尴尬的行为。

我们要让学生懂得，即使他们在一天里会经历各种不同的颜色区，也依然要努力去表现被人期待的行为！

如何上这一节课

1. 首先，复习一个重要概念：我们每个人都在观察他人，在课堂上、在校园中，并对他人在各个场景中的行为产生认可或困惑的想法。

2. 讨论当学生对某人或某些人在某个场景中的行为持有中立或认可的想法时，他们对这些人会产生怎样的情绪感受（要求只描述行为，不提这些人的名字）。接着，让学生再说一说当他人的行为让人困惑时，可能会发生什么。

3. 讨论认可的想法和感受对学生的影响——他们是否愿意与这些让他们产生了积极想法的人一起学习、玩耍。

4. 讨论困惑的想法和感受对学生的影响——他们是否愿意与这些让他们感觉困惑的人一起学习、玩耍。

5. 给学生视觉化地展示他们的行为是如何引发他人的不同想法的（困惑的想法/

[①] 原注：授权改编自《这样思考才会社交！》，第93页。

认可的想法）。可以使用两种不同颜色的冰棍棒、回形针或你身边常见的其他彩色小物件。直观的展示有助于学生更好地理解这一社交概念。

（1）给学生每人一套材料，分两种不同的颜色（比如，紫色和橙色的冰棍棒）。任意两种颜色都可以，一旦选定，就保持不变。

（2）给学生每人一个透明杯子，你自己留一个。将杯子放在每个人面前。

（3）小棒（或其他物品）代表身为教育者的你对学生行为的想法。紫色代表认可的想法，橙色代表困惑的想法。

（4）每当学生在小组活动中表现出期待行为（比如，等别人把话说完、耐心地坐在椅子里、保持良好的仪态），让你对他／她产生认可的想法时，在他／她的杯子投入一根紫色小棒。

（5）一旦学生明白紫色小棒的意义，你就不再多言，直接将紫色小棒投入杯子，表示你对他／她的积极行为的认可。在不打扰学生的前提下，可以偶尔告诉学生你观察到他／她有怎样的社交行为，值得你给他／她紫色小棒。对于正在养成的行为或技能，尤其需要多加肯定。

（6）当学生表现出非期待行为时，给他／她一根橙色小棒。描述该行为，让学生知道该行为让你产生了困惑的想法（"如果你动手打人，会让其他人感到害怕或危险""你刚才说的话让别人很难受"）。同样，一旦学生理解了橙色小棒的含义，你也可以不必说话，直接将小棒放入杯子。

（7）避免只给橙色小棒。要知道，只有积攒了一连串的紫色小棒，橙色小棒才有意义！大部分学生，哪怕是有困难的学生，都会表现出很多的"紫色小棒"行为。但我们往往总是更关注"橙色小棒"行为，忘记肯定这些符合期待的行为。为了教学的顺利推进，你必须积极关注"紫色小棒"行为，而选择性地关注"橙色小棒"行为。

你必须找机会给学生发放大量的紫色小棒，激励他们监控自身的期待行为，尽量减少"橙色小棒"行为的发生。

如果学生还没有能力产生"紫色小棒"行为，比如，不能将想法放在心里，因为还没有这样的自我意识，或者，管不住嘴，想说什么就脱口而出，因为他们还不知道怎样避免这种做法，那就不要为这种非期待行为给出橙色小棒！只有当他们明明有能力表现出符合场合需要的期待行为却没有那样做时，才使用橙色小棒。

鼓励学生继续讨论在小组学习中我们是如何影响彼此的想法和感受的。你可能会发现，大多数（如果不是全部）学生都能统一意见：他们希望每个人都能在小组中表现出期待行为，这样就能加快学习速度，他们也更容易专心致志。

第 3 课　视频中的四色区

活动目标

- 学生深化对情绪四色区的理解、学会识别他人的四色区
- 学生明白一个人的行为可以改变/影响其他人的感受和四色区
- 学生通过观察电影或电视节目中人物的社交技能，更深入地认识期待和非期待行为

材　料

- 电视机、电脑等视频播放设备
- 电影、电视节目或动画片，其中人物有多样化的警觉状态和情绪表现

推荐电影：

年龄较大的学生：《局外人》（Zoetrope Studios 出品）

年龄较小的学生：由查尔斯·舒尔茨创作的漫画《查理·布朗》改编的系列动画片、动画片《海底总动员》，最好选用你比较熟悉的视频片段，避免选用学生容易入迷的电影或电视节目，以免他们不能将注意力集中在人物的情绪、表情等表现上。注意，你必须事先筛选所有的视频片段，避免出现儿童不宜的语言或场景

- 学生每人一套四色区颜色的冰棍棒或卡片

概述

本次活动将带学生观看视频片段并识别视频中的人物处在什么样的颜色区里。目的是帮助学生更好地识别他人的情绪和四色区。这也将使学生明白：不只他们，所有人都会经历不同的颜色区。你还可以指出剧中人是如何看待某个人物的行为的，让学生学习从不同的立场和观点、从期待和非期待行为的角度来看待事物。对很多学生来说，学会识别他人的颜色区是学会识别自身颜色区的前导。

准备

既然你已准备要整合上面提到的这些技能或策略,那就开始为视频学习活动做准备吧。

- 准备好电影或电视剧片段,给学生每人一套彩色小棒或卡片。
- 将上课计划写在白板上:

　1. 导入

　2. 观看节目(将多次暂停)

　3. 总结

导入

1. 通过提问启发学生,让他们开始觉察自己与人交往时的行为:

- 你们有没有想过你们的颜色区对身边的人有怎样的影响?

2. 点明本次学习活动的目标。

活动

1. 告诉学生,他们将看一段电影或电视,中间你会多次暂停播放,和他们一起讨论其中人物的四色区情况。

2. 开始播放视频。每次暂停播放时,让学生举起彩色小棒或卡片表示可能的颜色区。观察他们是否举起了正确的颜色,以此来评估他们能否正确识别他人的颜色区。如果大家举起了不同颜色的小棒或卡片,而且无法达成共识,那么一起讨论为什么颜色会不同。通过对话,看他们能否找到合理的论据来支撑自己的颜色选择。判断他们的理解情况并澄清存在的误解。

3. 适时地暂停播放,提出问题,让学生有机会思考视频中人物的行为:

- 当这个人物在红/黄/绿/蓝色区出现非期待行为时,其他人有怎样的想法(认可的想法/困惑的想法)?
- 其他人做出了哪些反应?
- 这个人物在红/黄/绿/蓝色区的行为在这个场景中是被"期待"的吗?

- 当这个人物在各个颜色区出现期待/非期待行为时，他/她能与其他人顺利互动吗？

4. 指出某个"非期待"的行为并说明它如何改变了其他人的感受（或它如何改变了他们的颜色区）。

总结

在看完电影或电视剧片段后，以提问引导小组讨论，评估学生对教学内容的理解：

- 视频中的人物在不同颜色区时是如何与人相处的？
- 当他们在黄色或红色区且表现出非期待行为时，其他人是怎么看他们的？
- 当他们在某个颜色区的行为符合期待时，其他人又是怎么看他们的？
- 你觉得你在哪个颜色区时与人相处最为融洽或做事最为顺利？

如果学生总结得不到位，那么你可以指出，视频中的人物在绿色区时更能与他人保持积极的互动。同时强调，当他们保持冷静和专注的时候，会有更好的表现。告诉学生，当他们在红色区时，其他人可能会觉得他们的行为危险或吓人，即使他们的本意并非如此。也告知学生，他们很快将学习一些工具和策略来管理自己的颜色区，使自己的行为更符合期待。

第4课　我的四色区

活动目标

- 学生学会识别自己所在的颜色区
- 学生认识到在不同场景/环境中经历所有四个颜色区是自然、正常的事
- 学生意识到外部因素,比如正在发生什么、身边有哪些人、他们在哪里,会影响他们的颜色区
- 学生能思考处于某个颜色区时应该怎样调整行为以适应环境/场景的需要,让周围人产生认可的想法

材　料

- "四色区场景"一份(材料7)
- 学生每人一份"我会在哪个颜色区"(材料8)〔作业单创意来自吉尔·库兹玛(Jill Kuzma);http://jillkuzma.wordpress.com〕
- 用来收纳场景卡片的容器,比如帽子、小桶、罐子等
- 年龄较小的学生(学前及小学低年级):呼啦圈、彩色大圆点或其他可以放在地上代表四色区的物品

概述

在这个活动中,学生将学习预判他们在不同场景中可能会经历哪种颜色区。年龄较小的学生可以以游戏方式来完成活动:觉得自己会进入哪个颜色区,就跳进地上标出的代表该颜色区的区域里。年龄较大的学生则可以一边交流想法,一边将颜色区记在作业纸上。两个年龄段的学生最终都要完成作业单,以预计在特定场景中他们可能会进入哪一个颜色区。通过这个活动,学生将熟悉一个概念:不同的情况需要不同的颜色区,所有颜色区都是被期待的,经历全部四个颜色区也没关系。这一活动将帮助学生思考不同的经历对他们的颜色区的影响。他们也将开始考虑一点:无论内心处在

哪个颜色区，他们都必须管理好外在的行为，使之符合社交环境的潜在需要。

准备

- 剪下"四色区场景"卡片并放入容器。
- 根据学生的具体情况添加其他个性化场景。"四色区场景"（材料 7）中专门为此留有若干空白格。
- 对于年龄较小的学生，将准备好的物品放在地上代表四色区。物品凑近摆成正方形，方便学生在"四色区"之间来回跳跃。
- 复习之前介绍过的社交思维词汇：
  - *"期待"和"非期待"行为
  - *"你会改变 / 影响我的感受"
  - *"认可的想法"和"困惑的想法"
- 将上课计划写在白板上：
  1. 导入
  2. 四色区活动（仅限于年龄较小的学生）
  3. "我会在哪个颜色区"作业单
  4. 总结

导入（所有年龄）

1. 通过提问，启发学生对他们所处颜色区的自我觉察：

- 请说一说，这周你有没有待过蓝色区？绿色区？黄色区？红色区？

老师须知

> 这个问题对某些学生来说很难回答。如果学生的能力还不足以谈论这一话题，建议不要强求。如果你不确定学生具体经历了哪些颜色区，可以从家长或老师那里了解。

2. 告诉学生活动内容和活动目标。对于年龄较小的学生，指着地上的四色区划分让他们看，告诉他们一会儿要在上面玩跳跃游戏。年龄较小的学生也可能需要更多举例提示，比如"好朋友不跟你分享，你气坏了""你太兴奋了，以至于等不及抢着去拿毛毛虫了"。

活动（不同年龄组）

1. 从容器中抽取场景卡片，给学生读出卡片上的内容。
2. 每读完一个场景，让学生判断在那样的情况下他们可能会在哪个颜色区里。

如果学生年龄较小（学前到小学低年级），可以一对一地完成活动，也可以组成两人或两人以上的小组。如果是后者，让学生轮流参与活动。轮到他/她时，学生跳入该场景中他/她可能会进入的颜色区里。在"我会在哪个颜色区"作业单上记下学生的回答。

如果学生年龄较大（小学高年级到高中），在开始前给学生每人一份"我会在哪个颜色区"作业单。与跳颜色区不同，让学生轮流抽取场景卡片并向小组同学大声读出卡片上的内容。让他们先说一说他们觉得自己会在哪个颜色区里。然后小组讨论，听听其他人的想法。让学生在作业单上记下各自的答案。

3. 如果你还没有发放"我会在哪个颜色区"作业单，那每人发一份，让他们完成填写。可以让每个学生单独填写，也可以把它当成小组活动的一部分，大家一边讨论在什么样的情况下一个人会进入这四个不同的颜色区，一边完成填写。比如，学生可以讨论，当收到可怕的消息、遇到突发状况或灾难、经历激动人心的事件或身体受伤时，我们通常都会进入红色区里。这份作业单也可以作为家庭作业和家长一起完成。年龄较小的学生在书写方面可能需要一点帮助，有必要的话，可以帮他们代笔。

总结

活动结束后，通过以下问题引导全班讨论，并评估他们的理解情况：

- 有时候你是不是很容易进入绿色区以外的颜色区？
- 说一说你在哪种情况下会进入绿色区以外的颜色区。
- 你在那个颜色区的行为是期待行为还是非期待行为？你是怎么分辨的？

很重要的一点是，跟学生强调，所有颜色区都是正常的，当不同情况使我们的感受发生变化时，我们就会经历各种不同的颜色区。讨论什么时候我们容易进入蓝色区

（下雨天）、黄色区（被校园消防演习的声音吓到）和红色区（被兄弟姐妹弄坏或弄丢心爱的物品）。也强调在某个颜色区常见的行为在某些情况下是非期待行为，会让周围的人对你产生困惑的想法。强调学生（及成人）在课堂上也可能经历各种不同的颜色区。处在绿色区时，学生平静而专注，这种状态可能是最有利于学习的状态。但有时他们发现自己进了红色、黄色或蓝色区。进入这几个颜色区也没关系，但他们要想想课堂这个环境中的期待行为是什么。未来，他们将学习使用各种工具来管理或调节他们在不同颜色区的行为。也告诉学生，尽管他们不觉得自己在各个颜色区的行为会妨碍别人或是非期待行为，但别人可能会这样认为。

老师须知

对于某一种情况会导致哪个颜色区，学生可能会做出不同的判断。比如，当你读到"你被告知原定的计划发生变动"这一场景时，学生可能会跳进红色区中。如果是这样，你一方面要肯定这一情况的确会使他们特别烦恼，让他们进入红色区，另一方面也要强调他们可以用符合期待的方式来处理/管理他们的红色区行为。问问学生，如果因为该种场景而进入红色区，可以有哪些期待/非期待行为（可以稍微休息一下或做个深呼吸）；这种行为会让周围人产生认可的想法还是困惑的想法？让学生放心，在后面的四色区课程中，他们将探索各种工具，在这些工具的帮助下，他们将可以通过符合期待的方式来管理他们的不同颜色区。再比如，如果是心爱的玩具坏了，孩子会判断他们将处于的颜色区，黄色、红色或蓝色区都有可能。无论哪一个颜色区都"没关系"。但如果他们乱摔这个坏了的玩具，那就是非期待行为，会让其他人觉得危险。在以后的四色区学习中，他们将探索哪些工具有助于他们以安全的方式管理他们的四色区。

务必教导学生，没有哪个颜色区是"不好"的，但有时，在某些环境下、跟某些人在一起时，在某个颜色区的行为可能是非期待行为。

泛化学习的方法

- 将学生填好的"我会在哪个颜色区"作业单复印给与之有密切接触的其他人员，包括家长。

- 要求家长在孩子看电视、电影或阅读文学作品时提醒他们注意其中人物的颜色区并判断人物对该颜色区的管理是否符合场景的期待。

第4课附加学习活动

灯光，摄影，开拍!

我们可以通过录像的方式帮助学生了解他们的四色区情况。如果学生在识别自身颜色区方面存在困难，可以选一天的某个时段进行拍摄。但你要事先解释这样做的意义，并确保所有人都能坦然观看自己和同伴的视频。和学生一起观看视频，在他们处于不同颜色区时停下，让他们反思在该颜色区时的表情和感受。这些视频片段还可以帮助学生认识在不同颜色区时其他人对他们的反应，强化之前学过的概念，即他们的颜色区可以改变/影响其他人的感受。让学生通过使用四色区颜色的冰棍棒，来练习判断他们自身以及同伴的四色区情况。你可以通过提问类似于上文"总结"部分的问题来检查学生的理解程度。

请注意：拍摄前需要先取得学生监护人的书面许可，请他们同意你为了教学目的拍摄孩子。在开拍前还要征求学生本人的同意，以保持学生对你的信任，维护师生间的友好关系。最后，在拍摄时务必捕捉大量积极的镜头而不是有问题的情况，让学生看到他们能够管理好他们的四色区！

材料 7

四色区场景

(第1页)

爸爸妈妈告诉你，跟你很亲的一个人去世了。	你打开电视，看到发生了暴力事件。	你经历了一场自然灾难（大地震、龙卷风、洪水、飓风）。
你在体育课上摔断了腿。	你正在玩一个竞争激烈的游戏。	你发现你赢了很多钱。
你在操场上和同学玩捉人游戏。	你正在参与课堂讨论。	你在听老师讲课。
早上你刚刚醒来。	你在家里无所事事。	你辛苦完成的作业找不到了。

©2011 Think Social Publishing, Inc. All rights reserved.
From *The Zones of Regulation*™ by Leah M. Kuypers · Available at www.socialthinking.com

材料 7

四色区场景

（第 2 页）

你正在和一位同学合作完成一个科学项目。	你在朋友家玩。	你在活动中表现得不太好。
你被告知原定的计划发生了变动。	你正在做你喜欢的事，但别人过来制止你或让你把手里的东西收起来。	你在医院候诊室等了半个多小时。
你和家人正在一起用餐。	你的宠物不见了。	你得了重感冒。
你用最快的速度跑完了 1500 米。		

©2011 Think Social Publishing, Inc. All rights reserved.
From *The Zones of Regulation*™ by Leah M. Kuypers • Available at www.socialthinking.com

材料 8

我会在哪个颜色区？

姓名：_____

所有颜色区都没有问题。你也常常会处在不同的颜色区里。想一想，哪些时候你可能会在蓝色、绿色、黄色或红色区里？

我会经历所有的颜色区！

这些时候我会在蓝色区里	这些时候我会在绿色区里
这些时候我会在黄色区里	这些时候我会在红色区里

©2011 Think Social Publishing, Inc. All rights reserved.
From *The Zones of Regulation*™ by Leah M. Kuypers • Available at www.socialthinking.com

第 5 课　理解不同的观点
一个人的行为会影响其他人的感受和想法

重要词汇

- 行为者：在某个场景中做出期待或非期待行为的人
- 社交情绪连锁反应：指我们每个人对其他人在特定情境下的期待或非期待行为产生想法、感受并做出相关反应的过程

活动目标

4~7 岁学生（一般情况下）：

- 学生明白，在特定场景中，人们在某个颜色区里会产生期待或非期待的行为
- 学生意识到当他人在某个颜色区产生期待或非期待行为时，他们分别会有怎样的感受和想法

8 岁~青年学生（一般情况下）：

- 学生学习"社交情绪连锁反应"以及如何通过"社交行为导图"来呈现这种反应
- 学生明白，在特定场景中，人们在某个颜色区里会产生期待或非期待的行为
- 学生意识到，在特定场景中，当他人在某个颜色区竭力表现出期待或非期待行为时，他们分别有怎样的感受和想法，又会做出怎样的反应

材　料

4~7 岁学生：

- 学生每人一份"对期待/非期待行为的想法和感受"（材料9，共2页）；另备一份做样本

8 岁~青年学生：

- 学生每人一份空白的"社交行为导图"（材料 11）
- 已填好的蓝色、绿色及/或黄色区场景的"社交行为导图"样本（材料 11-1、11-2、11-3）
- "社交行为导图填写：10 步视觉引导"（材料 11 样本）
- "社交情绪连锁反应"示意图（材料 10）

概述

在或大或小的集体中，不管人们正在经历什么样的颜色区，他们的行为是否符合场景的期待，都会影响到彼此的想法和感受以及相关的反应。这个部分的教学就是要鼓励学生讨论这一相互影响的过程。为了更深入地解释这一过程，在教授年龄较大的学生时，我们将引入"社交情绪连锁反应"（The Social Emotional Chain Reaction, SECR）概念。我们会通过"社交行为导图"（Social Behavior Mapping, SBM) 来教授这个概念。社交行为导图是社交思维法的指导框架，能帮助学生更好地理解他们对其他人的社交期待。在本书配套材料中，"社交行为导图填写：10 步视觉引导"（材料 11 样本）为老师简要概括了填写社交行为导图的方法。我们也会鼓励学生注意他们对别人的社交期待与别人对他们的社交期待十分相似。理解我们对周围人的期待是提高自我调节能力的重要一环。

在第 5 课，学生将学着关注并思考他们对别人的期待。最终，随着他们对自身及每个颜色区适用工具的认识不断提高，我们也鼓励他们理解别人是怎样解读他们的行为并做出反应的。但我们不会一上来就教这一点。因为我们深知，学生发自内心地想要时刻表现出期待行为比学会这些行为本身要困难得多。这是一种更为复杂的换位思考过程。本课正是学习换位思考的第一步。

注意： 有些在调节能力上存在问题的学生缺乏最基本的共同注意能力，也很难培养出基本的"心理理论"（Theory of Mind, ToM，又译"心智理论"）或换位思考能力。这意味着他们很难觉察别人的想法和感受，也不懂别人是如何理解他们的行动（行为）的。如果你的学生明显缺乏社会意识，或对集体中的自己极少自我觉察，那么请你略过这个部分的课程。你们可以先重点解决之前的几节课内容，并探索各种感觉支持和冷静工具（见第 10、11、13、18 课）。

准备

- 年龄较小的学生
  - *学生每人一份"对期待/非期待行为的想法和感受"作业单（材料9，共2页）；老师在课前填好一份，以备教学之用。
- 年龄较大的学生
  - *学生每人一份空白"社交行为导图"作业单（材料11）。
  - *至少打印一份填好的"社交行为导图"样本（材料11-1、11-2、11-3）以便课堂示范。
  - *至少打印一份"社交情绪连锁反应"示意图（材料10）。
  - *老师应该在课前学习填写"社交行为导图"的10个步骤（材料11样本）以及仔细研究下文对填写方法的专门介绍。
- 将上课计划写在白板上：
  1. 导入
  2. 活动：理解不同观点
  3. 总结

导入（所有年龄）

1. 鼓励学生关注并讨论他们对彼此在特定场景下的期待行为或非期待行为的感受和想法。启发他们的自我觉察，问问他们是如何影响其他人的：

> 你们有没有想过，一个人在某个颜色区的行为会如何影响其他人对他/她的看法和感受？

2. 对年龄较大的学生，继续提问并讨论：

> 其他人对这个人的期待或非期待行为的想法和感受会影响他们对他/她的反应吗？能举例说说吗？

3. 点明本次活动的目标。

活动（不同年龄组）

年龄较小的学生

1. 和学生一起细读填好的"对期待行为的想法和感受"作业单，引导他们讨论：当一个或几个学生做出与场景相符的**期待行为**时，周围人通常会对这种行为产生积极（开心）的情绪和积极（开心）的想法。

2. 同样地，和学生细读填好的"对非期待行为的想法和感受"作业单，引导他们讨论：当一个或几个学生做出与场景不相符的**非期待行为**时，周围人通常会对这种行为产生困惑的想法和感受。

3. 集体前往一个他们熟悉的环境（比如操场、食堂），让他们想象在这个空间通常会发生哪些事。再让他们聚焦一个颜色区，列举出他们在这个空间经常会碰到的一个场景（比如，在食堂和同学一起吃午餐）。让他们开始填写（可以由你代笔）各自的"对期待/非期待行为的想法和感受"作业单——首先填写最上端的"颜色区"和"场景"栏。

4. 至少就一种颜色区的情况和学生展开头脑风暴，填写两张作业单余下的内容。可以用文字填写，也可以绘画。完成后，还可以就其他三种颜色区，重复相同的步骤。时间允许的话，去往另一个环境，思考另一种颜色区里的期待或非期待行为会如何影响我们的想法和感受。务必帮助学生明确该颜色区的"场景"，注意不要填行为的名称。

5. 请确保所有学生都能完成这两张作业单，而且始终先完成"期待行为"页，再完成"非期待行为"页。有一种倾向是只让学生关注他们的非期待行为对他人感受和想法的影响。请避免只关注非期待行为！

年龄较大的学生

引入"社交情绪连锁反应"（材料10）这一概念，帮助学生理解不同观点（想法和感受）与行为之间循环影响的关系。社交行为导图是社交思维的指导框架，以作业单的形式阐释具体的社交情绪连锁反应（见材料11及材料11样本）。

1. 在与他人一起工作、学习、用餐、游戏或生活时，我们对彼此的行为举止会有一定的预期。

社交情绪连锁反应和空白的社交行为导图解释了期待和非期待行为是如何影响我们彼此间的感受和反应的。注意，这两份图表中的"行为者"均指表现出期待或非期待行为的人。

2. 为了理解我们在或大或小的集体中对彼此有怎样的社交期待，我们先要明确"场景"和场景中的"人物"。比如：

场景：大班课

人物：老师和学生

3. 不同场景中有不同的期待和非期待行为。我们可以根据集体的计划和具体的场景来推断被期待的行为是怎样的！

（1）比如，在大班课场景中，被期待的行为是安静地听老师讲课，非期待行为则是打扰老师。在教室环境中发生的场景还有很多，比如课堂讨论、独立作业、小组作业、上课、课堂展示、排队等。

（2）当场景变为"排队"时，期待行为就会变成站到队伍中、一个接一个站到他人身后以及面朝教室出口；独自离开教室则是非期待行为。

4. 我们每个人都会对行为者在特定场景中的期待或非期待行为产生各种感受和想法。

5. 我们每个人都会对这种感受和想法做出反应。

6. 行为者也会因他人的反应和对待方式而产生想法、感受并做出反应。

7. 行为者的这种感受和想法会进一步影响行为者接下来的行为。

社交行为导图填写活动

作为一种指导框架，社交行为导图采用作业单的形式，让社交情绪连锁反应所涉的概念变得具体可感。

所有社交行为导图都要先对情境做出界定（哪个"场景"、涉及哪些"人物"）。这一步可以在老师或养育者的帮助下完成。在确定场景时，要考虑学生正在经历的颜色区是否会进一步影响到场景。如果是这样，那么可以将该颜色区写入场景，作为场景的一部分加以讨论。具体样式参见下文社交行为导图"在数学课陷入蓝色区（感觉很累）"样本（材料11-1）。

1. 细读已填好的社交行为导图"在数学课陷入蓝色区（觉得很累）"样本。

（1）在给学生做介绍前，老师自己先看一遍。注意图中每个信息单元（方格）或每一栏都有各自的编号（1—10）。

（2）老师也应该注意导图的填写顺序。

2. "社交行为导图填写：10步视觉引导"解释了社交行为导图的填写方法（10个步骤及其他规则）。

（1）一份完整的社交行为导图需要填写9个步骤。第10步是在导图上标出一个完整的期待或非期待的社交情绪连锁反应。方法是在每个单元格圈出一个关键概念，显示这个概念与相邻单元信息之间的关联性。基本上，当学生能够意识到自己在特定场景中的社交期待时，你就应该把这些步骤教给他们了。这样，他们就可以学习填写自己的社交行为导图了。

（2）社交行为导图的每一个部分都有具体的填写规则：

- 第一行的"场景"绝非行为！
- 避免将"学生大喊大叫""拒绝做作业""生气冲出教室"之类的内容写入"场景"栏中。这些都是行为，都应归入场景中的非期待行为。
- 第一行的"场景"与情境密切相关，可以包括某（些）人在该场景中正在经历的某一个颜色区。
  - "场景"总是与情境有关（数学课、独立作业、排队等）。
  - "场景"也可以描述学生在该场景中的颜色区（比如，学生在准备离校做实地考察时陷入黄色区、学生在数学课进入蓝色区）。
- 注意，社交行为导图填写的第2步是识别该场景中有哪些非期待行为。
  - 因为人们总是更容易也更擅长指出他人做错的地方而不是发现好的方面。
- 第3步是找出期待行为。引导学生从非期待行为的反面来思考有哪些期待行为；如果场景中包括学生正在经历的某个颜色区（比如，在数学课陷入蓝色区），想想哪些工具能帮助他/她表现出期待行为。本书第四章将专门讨论管理四色区的工具。

3. 老师一旦熟悉了社交行为导图的布局和填写规则，就可以拿出填好的社交行为导图样本"在数学课陷入蓝色区（感觉很累）"，给学生从头到尾讲一遍。社交行为导图可以用来探讨学校、家庭和社区环境中的各种社交情绪连锁反应。该样本只是无数例子中的一个。

4. 让学生在老师带领下以小组形式共同完成一份社交行为导图。

（1）学生第一次填写导图时，最好以小组形式来完成，大家一起探讨在特定场景中他们对彼此有哪些期待。在讨论到某些行为时，一定不要点到在场学生的名字，否则就会营造出一种令人难堪或羞辱的氛围，加剧该学生的失调状态。如果小组中有学生很可能会被大家点到或取笑，或者他们的行为连老师都束手无策，那么，先不要选用在教室中发生的场景，选一个教室之外的场景展开讨论。还有一个办法是老师去短视频平台或影视剧中挑选一个场景片段，让学生根据他们对场景人物的期待填写社交行为导图。

（2）鼓励学生一起讨论某个场景中的期待和非期待行为。

（3）鼓励学生一边探讨行为导图的每一个步骤，一边完成导图的填写，并认识其中的社交情绪连锁反应。记得使用 10 步视觉引导来辅助你的教学。

5. 让学生观察校园或教室某个场景（比如，学生排队吃午餐）中其他人的表现并填写各自的社交行为导图。

给学生每人一份空白导图，让他们以小组形式，一起填写各自的行为导图（有能力的话，可以各填各的）。避免让学生以特定个体为对象填写导图。"场景"和"人物"应该始终是泛指，而不针对特定个体。

以上课程内容来自米歇尔·加西亚·温纳。相关论述和图像材料经 Think Social 出版公司授权《情绪四色区》使用。

老师须知

"社交行为导图"是专为学生理解"社交情绪连锁反应"而开发的一个工具。学生只需在导图的不同地方添加若干词语和短句，就可以厘清相关的"社交情绪连锁反应"了。它在设计上的用心之处，在于学生不必书写很长的句子或段落。用社交行为导图来鼓励学生讨论我们之间的想法和感受是如何相互影响的，哪怕大家只是共处一个教室。学生也可以选择口述填写导图中的 9 个空格，文字书写由其他人代为完成。

总结

填写完作业单或完成社交行为导图后，通过以下问题引导小组讨论并评估学生的理解程度。

年龄较小的学生

- 我们对某个人在某个场景中的期待或非期待行为的想法和感受对我们有怎样的影

响？我们还想不想跟他/她一起学习或玩耍？

鼓励学生持续进行这方面的讨论，让他们更好地认识到每个人在特定场景中的期待行为都会让身处其中的人对周围人产生平和或良好的想法和感受，这样的想法和感受有助于大家的和谐共处。

年龄较大的学生

- 无论是在学校、家里还是在社区，"社交情绪连锁反应"在各个场景中是如何发生的？
- 学生为什么要学会自我监控不同颜色区的行为并努力表现出期待行为，哪怕不一定每次都能做到（就像我们大多数人一样）？

帮助学生理解，我们所有人都会经历四个颜色区，在某些颜色区和场景中，我们比较容易表现出符合场景需要的期待行为，但在另一些颜色区和场景中则比较困难。这正是我们需要不断修炼的地方，即便成年人也如此。觉察我们正处于哪个颜色区、注意我们自身的感受，可以让我们更经常地表现出场景所需的期待行为。但这不是一件容易的事，需要日积月累、不断练习。告诉学生，在接下来的课程中，我们将继续努力学习如何觉察我们的颜色区，也学习使用工具来帮助我们进行自我调节，以便能更轻松地表现出场景所需的期待行为。

泛化学习的方法

在日常生活中发现并肯定学生在特定颜色区时表现出的期待行为。比如："××，我感觉你现在可能在蓝色区里，但我也看到你在努力保持专注、认真听课，你真棒！"

一旦学生通过上述方法学会理解自己和他人的观点，就可以让他们将这种换位思考能力（如果学生年龄够大，则连同对社交情绪连锁反应的认识）推广运用到新的体验和场景之中。你可以提前告诉他们即将遇到怎样的场景，让他们有时间思考他们可能会进入哪个颜色区里；一起对该场景中应该有哪些期待行为展开头脑风暴，我们与周围人会怎样相互影响。这样能让学生更好地理解他们将进入怎样的场景，由此调节他们的行为以符合自己的预期，减轻因进入陌生场景而产生的焦虑情绪。年龄较大的学生可以提前想好该场景中可能有哪些期待行为，并填写相应的社交行为导图。在经历真实场景之后，他们会知道自己是否"神机妙算"。

第 5 课附加学习活动

用漫画呈现不同观点 / 颜色区

除课堂讨论之外，还可以将学生在某个颜色区出现的期待或非期待行为画成漫画。通过使用卡通漫画制作 App 或卡罗尔·格雷（Carol Gray）在《连环漫画对话》（*Comic Strip Conversations*）（见"资源推荐"）中介绍的方法，将关于行为的对话绘成漫画，让学生从想法泡泡中直观地看到同伴和老师的观点。让学生决定是他们自己画，还是你帮他们画。

关于换位思考的更多信息和更多课程，建议阅读米歇尔·加西亚·温纳的《这样思考才会社交！》和《想想你，想想我（第 2 版）》（见"资源推荐"）。

材料 9　对期待/非期待行为的想法和感受

对**期待行为**的想法和感受

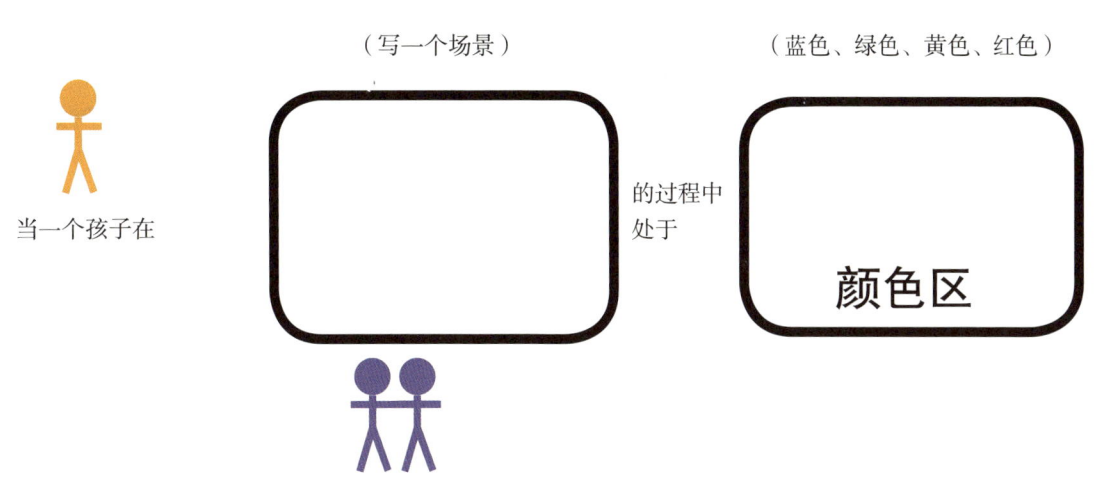

（写一个场景）　　　　（蓝色、绿色、黄色、红色）

当一个孩子在 ▢ 的过程中处于 ▢ 颜色区

又表现出期待行为的时候，其他人会对这个行为产生想法和感受。

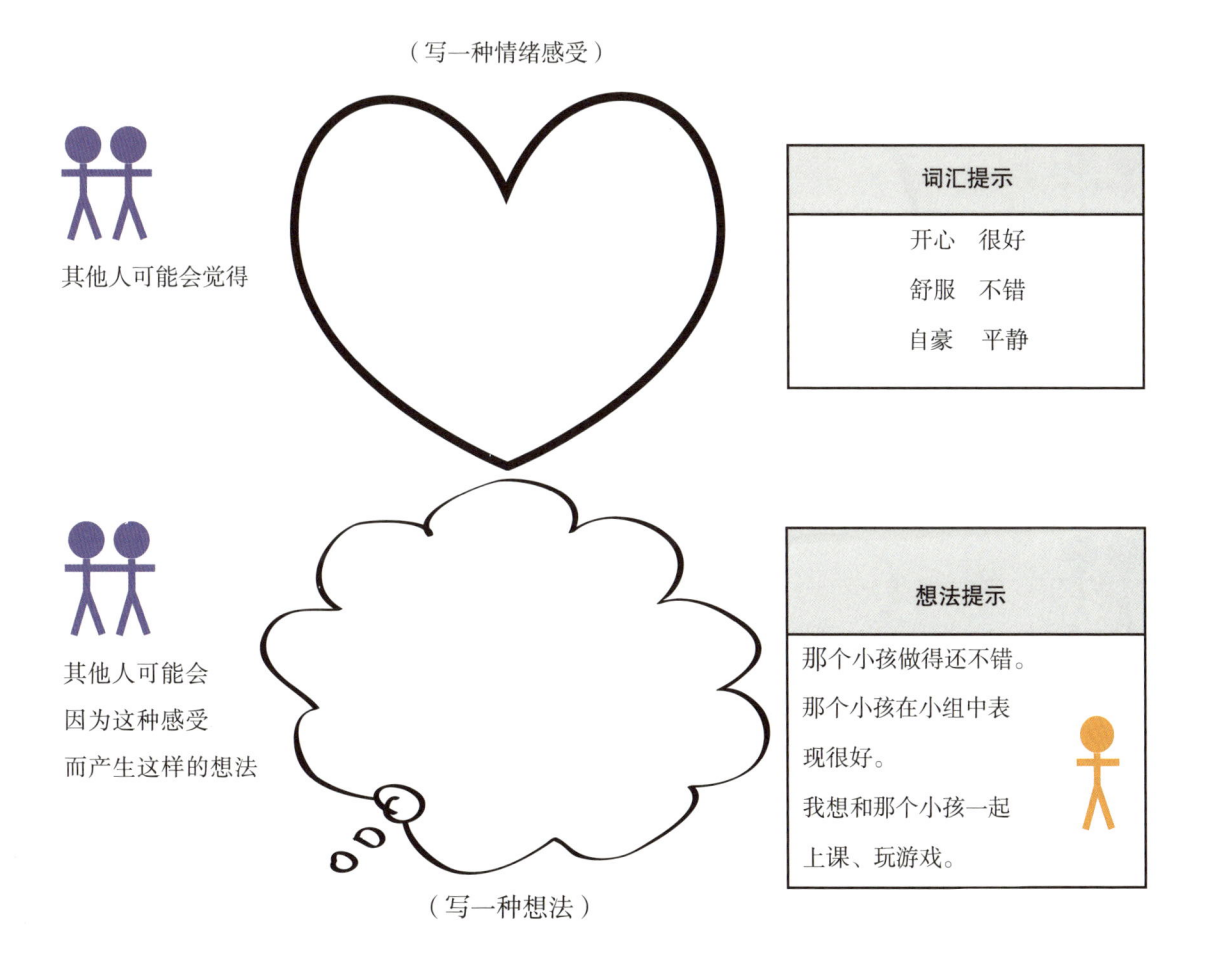

（写一种情绪感受）

其他人可能会觉得 ♡

词汇提示
开心　很好
舒服　不错
自豪　平静

其他人可能会因为这种感受而产生这样的想法

想法提示
那个小孩做得还不错。
那个小孩在小组中表现很好。
我想和那个小孩一起上课、玩游戏。

（写一种想法）

©2011 Think Social Publishing, Inc. All rights reserved.
From *The Zones of Regulation*™ by Leah M. Kuypers · Available at www.socialthinking.com

材料 9　对期待 / 非期待行为的想法和感受

对**非期待行为**的想法和感受

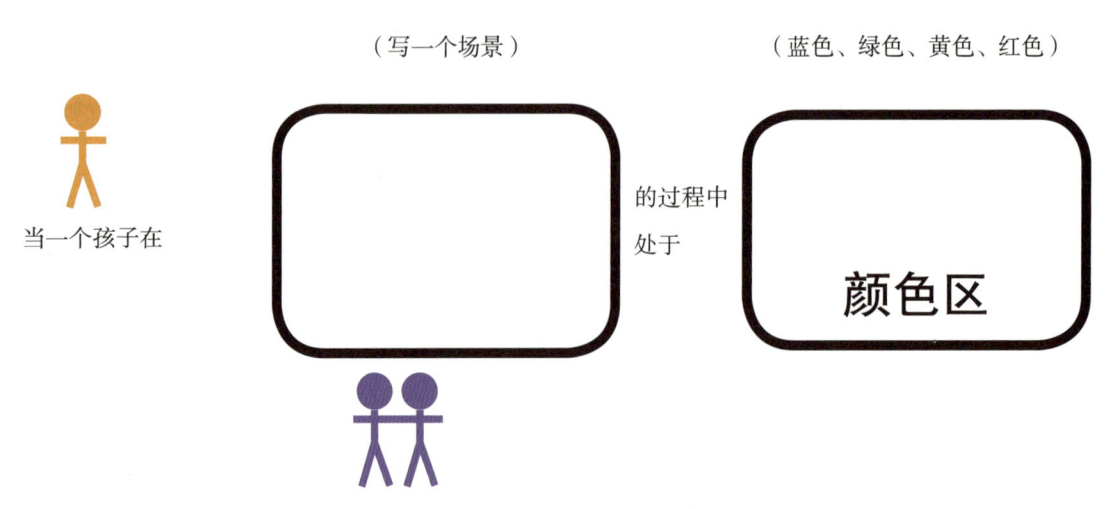

当一个孩子在 （写一个场景） 的过程中处于 （蓝色、绿色、黄色、红色） **颜色区** 又表现出非期待行为的时候，其他人会对这个行为产生想法和感受。

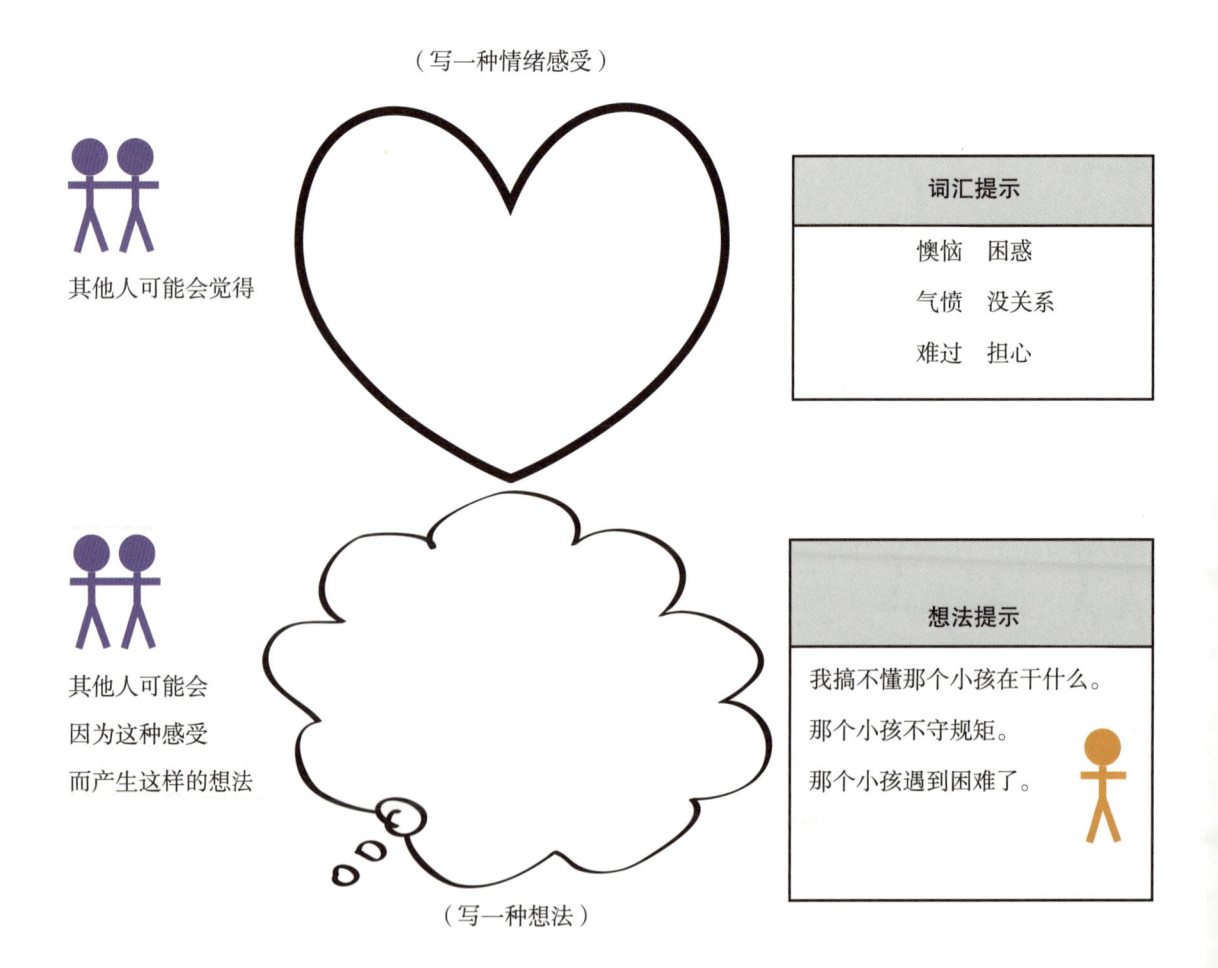

其他人可能会觉得 （写一种情绪感受）

词汇提示
懊恼　困惑
气愤　没关系
难过　担心

其他人可能会因为这种感受而产生这样的想法

想法提示
我搞不懂那个小孩在干什么。
那个小孩不守规矩。
那个小孩遇到困难了。

（写一种想法）

©2011 Think Social Publishing, Inc. All rights reserved.
From *The Zones of Regulation*™ by Leah M. Kuypers · Available at www.socialthinking.com

材料 10 社交情绪连锁反应

情境 _____
场景 _____
人物 _____

社交情绪连锁反应

行为者做出期待或非期待行为 → 其他人对该行为产生想法和感受 → 其他人根据他们的感受和想法做出反应 → 行为者根据自身所受对待产生各种想法、感受和反应 →（循环）

(© Think Social Publishing, Inc., 2018)

材料 11

社交行为导图

1. 场景：_____

   人物：_____

3. 与场景、人物相适应的**期待行为**	4. 他人会对行为者的行为产生怎样的感受	5. 基于这样的感受，他人会有哪些行动或反应	6. 他人的对待方式会让行为者产生怎样的想法或感受
2. 与场景、人物不相适应的**非期待行为**	7. 他人会对行为者的行为产生怎样的感受	8. 基于这样的感受，他人会有哪些行动或反应	9. 他人的对待方式会让行为者产生怎样的想法或感受

10. 总结：_____

©2019 Think Social Publishing, Inc. All rights reserved.
Reprinted with permission.

材料 11　样本

社交行为导图填写：10 步视觉引导　　　　　　　　🗨 = 口语内容提示

事前指点及日常接触　　🗨 这是一种路线图，从中可以看到行为是如何影响人们的想法、感受和行动的。这就是"社交行为导图"。

#1　明确场景、人物　　拟定一个场景，明确其中有哪些人物，并写在导图中。转到 #2 方格。

#3 期待行为 *（基于场景和人物）用积极的词语填写	#4 将期待行为与自身/他人的想法或感受联系起来	#5 将感受与可能的行动或反应联系起来	#6 将行动或反应与感受（或想法）联系起来
🗨（指着 #2 格）如果（读出行为 1、2、3）是**非期待**行为，那么与之相反的就是**期待**行为。哪些行为跟它们相反呢？	🗨（指着 #3 格）如果有人做了（读出**期待**行为 1、2、3），你觉得其他人会有怎样的感受？你会有怎样的感受？	🗨（指着 #4 格）那么，当他们感觉（读出感受 1、2、3）时，他们可能会有怎样的行动或反应？	🗨 那么，如果有人（读出 #5 格中的行动/反应 1、2、3），这种行动或反应会让对方产生怎样的感受？
#2 非期待行为（基于场景和人物）	#7 将非期待行为与自身/他人的想法或感受联系起来	#8 将感受与可能的行动或反应联系起来	#9 将行动或反应与感受（或想法）联系起来
🗨 那么，请举例说一说，在（场景）中，和（人物）在一起时，哪些行为或语言可能是非期待的？	🗨（指着 #2 格）如果有人做了（读出**非期待**行为 1、2、3），你觉得其他人会有怎样的感受？你会有怎样的感受？	🗨（指着 #7 格）那么，当他们感觉（读出感受 1、2、3）时，他们可能会有怎样的行动或反应？	🗨 那么，如果有人（读出 #8 格中的行动/反应 1、2、3），这种行动或反应会让对方产生怎样的感受？

（导图上半部分）所以，在（**场景**）中和（**人物**）在一起时，如果有人这样做（圈出 1 个期待行为），那么其他人可能会觉得（圈出 1 种感受），于是，他们可能会（圈出 1 种行动/反应），这样做又可能会让对方感到（圈出 1 种感受）。

但是，（导图下半部分）如果有人这样做（圈出 1 个非期待行为），那么其他人可能会觉得（圈出 1 种感受），于是，他们可能会（圈出 1 种行动/反应），这样做又可能会让对方感到（圈出 1 种感受）。好了，你们明白这个社交情绪连锁反应了！

#10　圈选和总结！

✋ 如果学生在你的提示和帮助下仍然卡在导图的某个步骤上不知如何作答，那么停下来，教他们基础的社交思维概念和词汇（比如，关注场景/人物、想法和感受等）。

⚠ **提醒：** 在学生学习自我控制或行为改变之前，先教他们从旁观者的角度思考问题。

©2019 Think Social Publishing, Inc. All rights reserved.
Reprinted with permission.

材料 11-1

社交行为导图

1. 场景：在数学课陷入蓝色区（感觉很累）

   人物：老师和同学

3. 与场景、人物相适应的**期待行为**	4. 他人会对行为者的行为产生怎样的感受	5. 基于这样的感受，他人会有哪些行动或反应	6. 他人的对待方式会让行为者产生怎样的想法或感受
使用蓝色区工具： ● 椅子俯卧撑 ● 抬头挺胸 ● 使用解压玩具 ● 参与讨论或做作业	很好 冷静/平和 认可	老师的神色平静 老师会说"你真棒" 大家一起合作	平静 很好 认可
2. 与场景、人物不相适应的**非期待行为**	7. 他人会对行为者的行为产生怎样的感受	8. 基于这样的感受，他人会有哪些行动或反应	9. 他人的对待方式会让行为者产生怎样的想法或感受
趴在课桌上 喃喃自语 闭目养神	生气 焦虑	老师会用严厉的口气督促参与 老师或同学会不停唠叨，让你加入小组活动	恼火 紧张 对唠叨你的人发火

10. 总结：

©2011 Think Social Publishing, Inc. All rights reserved.
From *The Zones of Regulation*™ by Leah M. Kuypers • Available at www.socialthinking.com

材料 11-2

社交行为导图

场景：参加足球赛

人物：处于绿色区的学生

3. 与场景、人物相适应的期待行为	4. 他人会对行为者的行为产生怎样的感受	5. 基于这样的感受，他人会有哪些行动或反应	6. 他人的对待方式会让行为者产生怎样的想法或感受
■跟队友讲话只为沟通战略战术 ■快速跟球移动 ■如果球过来随时准备踢出	安心 愉快 兴奋 受到支持	队友将球传给行为者 队友为行为者的出色表现喝彩	愉快 自豪 很开心可以成为团队一员

2. 与场景、人物不相适应的非期待行为	7. 他人会对行为者的行为产生怎样的感受	8. 基于这样的感受，他人会有哪些行动或反应	9. 他人的对待方式会让行为者产生怎样的想法或感受
■跟队友说一些与足球无关的话 ■在场上慢吞吞地移动 ■不关注球的去向	懊恼 失望 困惑 生气	队友不再传球给行为者 队友朝行为者嚷嚷，让他/她集中注意力 如果他们队没有得分或其他队得了分，队友责怪行为者	觉得这些懊恼的人态度恶劣 不想继续待在这个球队里了 感到困惑，不知道应该怎么办

10. 总结：

©2011 Think Social Publishing, Inc. All rights reserved.
From *The Zones of Regulation*™ by Leah M. Kuypers • Available at www.socialthinking.com

材料 11-3

社交行为导图

1. 场景： 准备出门参加校外实地考察

   人物： 处于黄色区的学生、老师和辅助人员

3. 与场景、人物相适应的**期待行为**	4. 他人会对行为者的行为产生怎样的感受	5. 基于这样的感受，他人会有哪些行动或反应	6. 他人的对待方式会让行为者产生怎样的想法或感受
说话时使用适合室内的音量 认真准备需要随身携带的东西 提醒自己等会儿再说笑 全身心地聆听	安心 平静 很好	神色、声音都很平静 成人表扬学生有团队精神 很快就出发了	很好 平静 安心 愉快
2. 与场景、人物不相适应的**非期待行为**	7. 他人会对行为者的行为产生怎样的感受	8. 基于这样的感受，他人会有哪些行动或反应	9. 他人的对待方式会让行为者产生怎样的想法或感受
在楼内以室外音大声嚷嚷 不做出门的准备，忙着四处瞎玩、说笑 不听老师讲话	懊恼 担忧 不开心	表情很焦虑 声音很焦虑 学生被告诫"别闹了""准备出发" 其他孩子抱怨怎么还不出发	懊恼 为有人抱怨而感到紧张 有人会反过来抱怨别人态度不好 有人会道歉

10. 总结：

材料 11-4

社交行为导图

场景： 听老师讲话

人物： 班级同学

3. 与场景、人物相适应的**期待行为**	4. 他人会对行为者的行为产生怎样的感受	5. 基于这样的感受，他人会有哪些行动或反应	6. 他人的对待方式会让行为者产生怎样的想法或感受
轻声说话，除非发表与老师正在谈论的内容直接相关的意见 桌上只放与学习有关的东西 双手只碰桌面上的东西 双脚置于课桌下方地面或椅子横档上	平静 (愉快) 开心	神色平静 (声音平和) 身体放松	平静 (放松)

→

2. 与场景、人物不相适应的**非期待行为**	7. 他人会对行为者的行为产生怎样的感受	8. 基于这样的感受，他人会有哪些行动或反应	9. 他人的对待方式会让行为者产生怎样的想法或感受
告诉老师你昨天晚上做了什么 读从家里带来的书 踢前面人的椅子	焦虑 (懊恼)	表情不悦 她盯着你看 (声音不悦) 她对你说你正在做的事情不符合期待并大声制止你	焦虑 懊恼 (气愤)

→

总结： 见图上圈出内容

第6课　四色区中的我

活动目标

- 学生能更好地认识他们在每个颜色区时的感受（预警信号/身体线索）
- 学生能更好地识别他们在哪个颜色区里

材　料

- 学生每人一份"四色区中的我"作业单（材料12）
- 马克笔、蜡笔或彩色铅笔（可选）
- 数码相机及相关打印设备（电脑、打印机和纸，可选）
- 胶水或胶带
- 不褪色细头记号笔（如果使用照片的话）

概述

在本次活动中，学生将画出或拍下自己在不同颜色区时的样子。这样做有助于他们更好地识别自己在不同颜色区时身体所发出的一些生理信号，反过来也提高他们对自身四色区的认知，让他们意识到自己可能正在失去控制。有些学生据说是"从绿色区直达红色区"的。正因如此，每一个学生都应该花一点时间来探索自己在黄色区时的样子。这样他们才能更加警惕，及时发现自己正在进入这一紧张的状态之中。

准备

- 将"四色区中的我"作业单（最后一页除外）订成小册，学生每人一份。
- 剪下作业单最后一页的四色文字标签并贴到册子中相应的页面上，将此册子用作学生的视觉材料，提示不同工具与颜色区的关联（见第12课）。所有册子都如此处理。制作一个完整的样本给学生参考。
- 在白板上写下你希望学生在观察画像或照片时思考的问题：

* 你的肌肉是放松的还是紧张的?
* 你的呼吸是快还是慢?
* 你的心脏跳得快还是慢?
* 你的头脑是专注的还是混乱的?
* 你的脸是什么样子的?
* 你的嘴里会说些什么?用怎样的音调?
* 你还可以提示以下特征:脸涨得通红、大脑快速运转、小动作多或坐不住、瘫坐在那里、垂下脑袋,对_____更加敏感、噘着嘴、皱着眉头等。

● 将上课计划写在白板上:

1. 导入
2. 画出或拍下你在每个颜色区时的样子
3. 列出你在每个颜色区的身体线索
4. 总结

导入

1.通过提问,鼓励学生展开讨论:

● 身体会发出怎样的信号,让我们知道自己在哪个颜色区里?

讨论白板上所写下的各种身体信号,可能的话,直接演示出来。让学生想想他们经历过其中的哪些,并想象自己当时的样子。强调每个人在不同颜色区时会有不同的样子,不同的情绪也会表现出不同的线索。

2.向学生解释,这次活动他们将把他们在每个颜色区时的样子画出来或拍成照片。点明本次学习活动的目标。

活动

1.让学生把自己在每个颜色区时的样子画出来,或者,让每个学生表演他们在各个颜色区时的样子,将其拍成照片。如果你有多个相机,分发给学生,让他们相互拍摄在不同颜色区时的样子。对于不善于画画的学生,拍照是个不错的选择。提醒学生不要着急,让他们仔细想想在每个颜色区时他们的身体都会给出怎样的线索。

2.让学生在每张画像的旁边列出在该颜色区时身体所发出的各种信号(如果是照

片，可以用不褪色记号笔直接写在照片上）。必要的话，或者为了更加方便，可以帮学生代写文字。

3. 你可以通过观察学生的画作和列出的线索，评估他们识别身体信号的能力。确保学生列出的线索与他们在每个颜色区时的真实特征相符。

> **老师须知**
>
> 如果你准备拍照，那么安排好打印照片的时间。你也可以把这节课分为 2 个课时，以便有充分的打印时间。

总结

让学生与同伴分享他们的一张画像，进一步评估他们的理解情况。在学生介绍自己在某个颜色区时的样子时，评估他/她的描述与你观察到的情况是否一致。通过以下问题，判断学生是否能将四色区概念与实际应用相联系：

- 读懂你在不同颜色区时的身体语言对你有什么帮助？
- 为什么告诉别人你在哪一个颜色区对你会有帮助？

举例说明读懂身体信号可以怎样帮助他们及时发现所处颜色区并判断自己是否需要调节。当学生能注意到自己正处在蓝色、黄色或红色区时，他们可以对身体发出的信号做出反应，改变行动的方向（即调节自身行为）。强调他们可以怎样根据他人的颜色区调整与之互动的方式。你可以这样反复强调这一点：

> 如果我知道你正处在红色区，我会和你保持距离，直到你冷静下来。如果我能看出你正处在黄色区，我会帮助你，也会注意避免做让你生气的事。如果我知道你处在蓝色区，我就能理解你那天为什么不太积极，也能帮你想办法振作起来。如果我知道你处在绿色区，我就会期待你好好学习，积极参与到课堂活动或对话中来。

让学生将完成了的"四色区中的我"作业单收入他们的四色区文件里。

泛化学习的方法

- 在各种环境和场景中询问学生在哪个颜色区里。
- 让学生与家长及其他有密切接触的人员分享"四色区中的我"作业单。
- 一段时间后,让学生重温他们的四色区画像,看是否可以添加更多细节。

第6课附加学习活动

身体信号

根据每个学生的领悟程度,对他们的身体信号提供直接的反馈会很有帮助。你可以在他们同意的情况下,用视频捕捉他们在每个颜色区的样子,以提供更多反馈,方便他们进行自我反思。

材料 12

四色区中的我

姓名：＿＿＿＿＿＿＿＿＿＿

材料 12

四色区中的我

这是我在蓝色区时的样子,这时的我感到＿＿＿＿＿＿＿＿＿＿

```
┌─────────────────────────────────────┐
│                                     │
│                                     │
│                                     │
│                                     │
│                                     │
│                                     │
│                                     │
│                                     │
│                                     │
└─────────────────────────────────────┘
```

我的脸部和身体线索:
➡ ＿＿＿＿＿＿＿＿＿＿＿＿＿＿＿＿＿＿＿＿＿＿＿＿＿＿＿＿＿＿＿
➡ ＿＿＿＿＿＿＿＿＿＿＿＿＿＿＿＿＿＿＿＿＿＿＿＿＿＿＿＿＿＿＿
➡ ＿＿＿＿＿＿＿＿＿＿＿＿＿＿＿＿＿＿＿＿＿＿＿＿＿＿＿＿＿＿＿

在这些时候,我感觉我在蓝色区里:
＿＿＿＿＿＿＿＿＿＿＿＿＿＿＿＿＿＿＿＿＿＿＿＿＿＿＿＿＿＿＿＿＿＿
＿＿＿＿＿＿＿＿＿＿＿＿＿＿＿＿＿＿＿＿＿＿＿＿＿＿＿＿＿＿＿＿＿＿

©2011 Think Social Publishing, Inc. All rights reserved.
From *The Zones of Regulation^{TM}* by Leah M. Kuypers • Available at www.socialthinking.com

材料 12

四色区中的我

这是我在绿色区时的样子，这时的我感到＿＿＿＿＿＿＿＿＿＿

我的脸部和身体线索：
→ ＿＿＿＿＿＿＿＿＿＿＿＿＿＿＿＿＿＿＿＿＿
→ ＿＿＿＿＿＿＿＿＿＿＿＿＿＿＿＿＿＿＿＿＿
→ ＿＿＿＿＿＿＿＿＿＿＿＿＿＿＿＿＿＿＿＿＿

在这些时候，我感觉我在绿色区里：
＿＿＿＿＿＿＿＿＿＿＿＿＿＿＿＿＿＿＿＿＿＿＿＿＿＿＿＿
＿＿＿＿＿＿＿＿＿＿＿＿＿＿＿＿＿＿＿＿＿＿＿＿＿＿＿＿

©2011 Think Social Publishing, Inc. All rights reserved.
From *The Zones of Regulation*™ by Leah M. Kuypers · Available at www.socialthinking.com

材料 12

四色区中的我

这是我在 **黄色区** 时的样子，这时的我感到＿＿＿＿＿＿＿＿＿＿＿＿＿＿＿＿＿＿

我的脸部和身体线索：

▷ ＿＿＿＿＿＿＿＿＿＿＿＿＿＿＿＿＿＿＿＿＿＿＿＿＿＿＿＿＿＿＿＿＿＿＿＿＿＿＿

▷ ＿＿＿＿＿＿＿＿＿＿＿＿＿＿＿＿＿＿＿＿＿＿＿＿＿＿＿＿＿＿＿＿＿＿＿＿＿＿＿

▷ ＿＿＿＿＿＿＿＿＿＿＿＿＿＿＿＿＿＿＿＿＿＿＿＿＿＿＿＿＿＿＿＿＿＿＿＿＿＿＿

在这些时候，我感觉我在 **黄色区** 里：

材料 12

四色区中的我

这是我在红色区时的样子,这时的我感到＿＿＿＿＿＿＿

```
┌─────────────────────────────────────┐
│                                     │
│                                     │
│                                     │
│                                     │
│                                     │
│                                     │
│                                     │
└─────────────────────────────────────┘
```

我的脸部和身体线索:

→ ＿＿＿＿＿＿＿＿＿＿＿＿＿＿＿＿＿＿＿＿＿＿＿＿＿

→ ＿＿＿＿＿＿＿＿＿＿＿＿＿＿＿＿＿＿＿＿＿＿＿＿＿

→ ＿＿＿＿＿＿＿＿＿＿＿＿＿＿＿＿＿＿＿＿＿＿＿＿＿

在这些时候,我感觉我在红色区里:

＿＿＿＿＿＿＿＿＿＿＿＿＿＿＿＿＿＿＿＿＿＿＿＿＿＿＿

＿＿＿＿＿＿＿＿＿＿＿＿＿＿＿＿＿＿＿＿＿＿＿＿＿＿＿

©2011 Think Social Publishing, Inc. All rights reserved.
From *The Zones of Regulation*™ by Leah M. Kuypers • Available at www.socialthinking.com

材料 12

"四色区中的我"作业单（标题）

说明：

将**除这一页之外**的其他 5 页订到一起。将下列标题剪下来，分别贴到相应颜色区与学生图片相对的页上。比方说，打开册页，当翻到"这是我在蓝色区时的样子"时，我们能在与之相对的左侧页面看到一蓝色标题"当我在蓝色区时，我可以尝试这些蓝色区工具"（有关工具的内容集中在第 10—12 课）。

当我在蓝色区时，
我可以尝试这些蓝色区工具：

当我在绿色区时，
我可以尝试这些绿色区工具：

当我在黄色区时，
我可以尝试这些黄色区工具：

当我在红色区时，
我可以尝试这些红色区工具：

©2011 Think Social Publishing, Inc. All rights reserved.
From *The Zones of Regulation*™ by Leah M. Kuypers · Available at www.socialthinking.com

第 7 课　我的情绪感受

活动目标

- 学生能理解不同事件会改变他们的感受
- 学生能更好地使用情绪词汇描述他们的感受
- 学生能将不同感受归入不同的颜色区以证明他们对四色区概念的理解

材　料

年龄较小的学生（学前到小学）：

- 《我的情绪是怎样的？：情绪认知互动读本》（见"资源推荐"）

年龄较大的学生（初高中）：

- 《我也有情绪！：青少年、成人及老年人情绪认知互动读本》（见"资源推荐"）

注：有些青少年可能会觉得这本书的插图比较幼稚

- 4 张小尺寸的四色区彩色卡纸

概述

在本次活动中，学生把情绪认知互动读本上假设的情景与某一种情绪匹配起来，并将该情绪归入某个颜色区中。这有助于学生进一步探索情绪，认识不同事件是如何引发各种不同的情绪的。在学生的自我认知中，他们往往总是处在绿色区里。本次活动将强调一个概念：不同事件会导致不同的情绪感受，进而改变我们的颜色区。鉴于不同个体对不同情景有不同的反应，本次活动最好以一对一的形式来完成。

准备

- 准备适用的读本①，确保读本中的图片（自带魔术贴）已全部粘到前面几页。按四色区的颜色顺序将 4 张卡纸摆在桌面上。
- 将上课计划写在白板上：
  1. 导入
  2. 读本活动
  3. 总结

导入

1. 跟学生解释，我们在一天里会遇到很多事情，这些事情会影响我们的四色区，并举一个学生可以理解的例子加以说明：

> 我注意到，一个本来在绿色区的同学，如果被其他同学撞了一下，就会生起气来进入黄色区。很小的一点事情，比如被人撞了一下，可以立刻改变你的颜色区。

让学生想一想，哪些事情会改变他们的颜色区。

2. 告诉学生接下来会做什么以及本课的目标。

活动

1. 告诉学生，接下来你们将使用《我的情绪是怎样的？》或《我也有情绪！》来探索不同的情绪感受和颜色区。

2. 首先，让学生将读本中的所有图片按照四色区分类并摆放到相应颜色的卡纸上（图 3）。在这个过程中，你可以根据他们的分类情况评估他们对四色区和不同情绪的理解程度。

3. 完成分类后，让学生阅读读本每一页的情景描述。每读完一个情景，让学生说一说这个情景会让他们进入哪个颜色区。

---

① 编注：本课所用读本中的情绪图片均采用魔术贴设计，读本中还包含情景描述和句子练习，学生可根据描述将情绪图片粘贴到句子的相应位置。

4. 让学生从他/她认为的颜色区里选一张相应的情绪图片并粘贴到读本中表示情绪的方框里，把句子补充完整。这样可以进一步考查学生是否能够将情绪词汇用到正确的情境之中。

本视觉材料来自《我的情绪是怎样的？：情绪认知互动读本》（2006），琼·格林（Joan Green）著、琳达·科默福德（Linda Comerfrod）绘、Greenhouse Publications 出版，经作者授权使用（www.greenhousepub.com）。

图 3 "我的情绪是怎样的？"活动示例

本课的适应性调整

如果学生存在阅读困难，那么可由你来朗读读本内容。如果学生的注意力持续时间较短，那么在完成图片分类后可以稍作休息，每读完几页就休息一下。

总结

让学生再举些例子说明哪些情况会改变他们的颜色区。从中我们能看到他们将活动所学与实际经验相结合的能力。再次说明事件发生时人们的颜色区会怎样快速发生变化。但是，如果他们能让他人知道他们在蓝色、黄色或红色区，他人就会更加体谅、宽容他们。如果学生向你透露某些事情会让他们陷入黄色或红色区，那就跟他们保证，你会注意避免做这些事情，也会尽可能地减少这些事情的发生。

泛化学习的方法

- 将课上学习的概念告知家长。让他们帮助学生列出在家和在社区有哪些影响学生、改变学生颜色区的情况（这些内容可以用到"第9课 注意！前方触发因素"的学习中）。当然，这也可以在学校完成。

第7课附加学习活动

四色区习语（材料13）

大声朗读材料13中的习语，或将它们做成词卡，让学生猜猜它们指哪一种情绪、属于哪一种颜色区。解释每一个习语的确切意思，让学生说出一种会让他们产生那样感觉的情况。还可以把这个活动变成游戏：将小组分成几队，比比哪个队能又快又好地猜到习语的意思以及对应的颜色区。

材料 13

四色区习语

蓝色区

- 无精打采
- 垂头丧气
- 拉长着脸
- 闷闷不乐
- 不得劲儿

绿色区

- 美滋滋
- 自鸣得意
- 神采飞扬
- 兴致勃勃
- 泰然自若
- 心满意足
- 我很酷
- 我搞定了

黄色区

- 绷紧了弦
- 一筹莫展
- 七上八下
- 心烦气躁
- 愤愤不平
- 心神不宁
- 束手无策
- 迫在眉睫
- 如坐针毡
- 局促不安

红色区

- 忍无可忍
- 怒火中烧
- 火冒三丈
- 快要炸了
- 怒不可遏
- 气急败坏
- 抓狂
- 崩溃
- 忘乎所以
- 喜不自胜
- 欣喜若狂
- 欢欣雀跃

©2011 Think Social Publishing, Inc. All rights reserved.
From *The Zones of Regulation*™ by Leah M. Kuypers • Available at www.socialthinking.com

第 8 课 我一天里的四色区

活动目标

- 学生能意识到四色区会在一天中不断波动
- 学生能更好地理解影响个人四色区的触发因素
- 学生能反思他们的颜色区是被期待的还是非期待的,以及是如何影响其他人的想法的

材　料

- 学生每人一份"我一天里的四色区"作业单(材料 14)
- 每 6 人一份"想法泡泡"(材料 15)
- 学生每人一套四色区颜色的蜡笔、彩色铅笔或马克笔
- 四色区颜色的干擦记号笔或粉笔

概述

在本次活动中,学生将画出他们一天里的四色区变化图。这样做的目的是帮助学生理解这种波动(变化)是如何影响他们一整天的。他们可能会惊讶自己竟然在不同颜色区待了那么久。如果学生能反思他们的颜色区如何影响周围人的想法和感受,那么本活动将发挥更大的作用。我们会在变化图中贴上"想法泡泡",强化学生对这一点的认知。本活动让学生有机会反思一天中的成功之处,以及这些成功与他们经历的颜色区有怎样的关系。学生也能更深入地认识导致颜色区变化的触发事件,在未来能更加警惕并做好防备。本活动最好安排在一天即将结束的时候,这样学生的反思范围可以扩大到一天里的大部分时间(见图 4)。

准备

- 在白板上画出或投影出"我一天里的四色区"。在图的最下方填上每日时间表

（准备上学、坐车去学校、晨会、阅读、数学、课间休息等）。
- 给学生每人复印一份"我一天里的四色区"作业单。
- 复印"想法泡泡"并将"泡泡"一一剪开。
- 将上课计划写在白板上：
  1. 导入
  2. 填写图表最下方的每日时间表
  3. 用圆点标出你在当天每个事件中所处的颜色区
  4. 连接所有圆点，形成一幅折线图
  5. 填写"想法泡泡"并粘贴到折线图上
  6. 总结

导入

1. 以提问开始：

- 你觉得我们的颜色区在一天里多久变一次？

2. 告诉学生，接下来的活动将揭晓答案；点明本课的教学目标。

活动

1. 告诉学生，他们要填写一张图表，以统计他们当天的颜色区情况（如果这节课在早上，那么统计前一天的情况）。按照下面的步骤，对照白板上的大图，向学生说明填写方法。完成后的图表差不多是图4的样子。（也可以从书中复印或从"可下载配套资料"中打印，供学生参考。）

2. 让学生填好图表上端的姓名和日期。

3. 如果是黑白打印，让学生将图表最左端的四色区格子涂上相应的颜色。

4. 和学生对这一天他们参与了哪些活动展开头脑风暴。让他们按时间顺序将这些活动填入图表下端的格子里。比如，让学生从早上起床开始写，然后出门上学，再到接二连三的在校活动（晨会、数学、科学和午餐等）。具体参见图4的示范。

5. 让学生回想每个时间段他们主要处在哪个颜色区里，在相应颜色区标记一个圆点。

6. 用彩笔连接所有圆点，形成一个折线图。连线时，让学生参照左侧的四色区格子，用相应的颜色画出每个部分的线段。比方说，如果学生一开始在蓝色区里，后一个活动又转入绿色区，那么，让学生用蓝笔画出蓝色区那一段，到绿色区时再用绿笔接上，然后向着下一个活动的颜色区方向画完整个绿色区的线段。具体参见图4的示范。

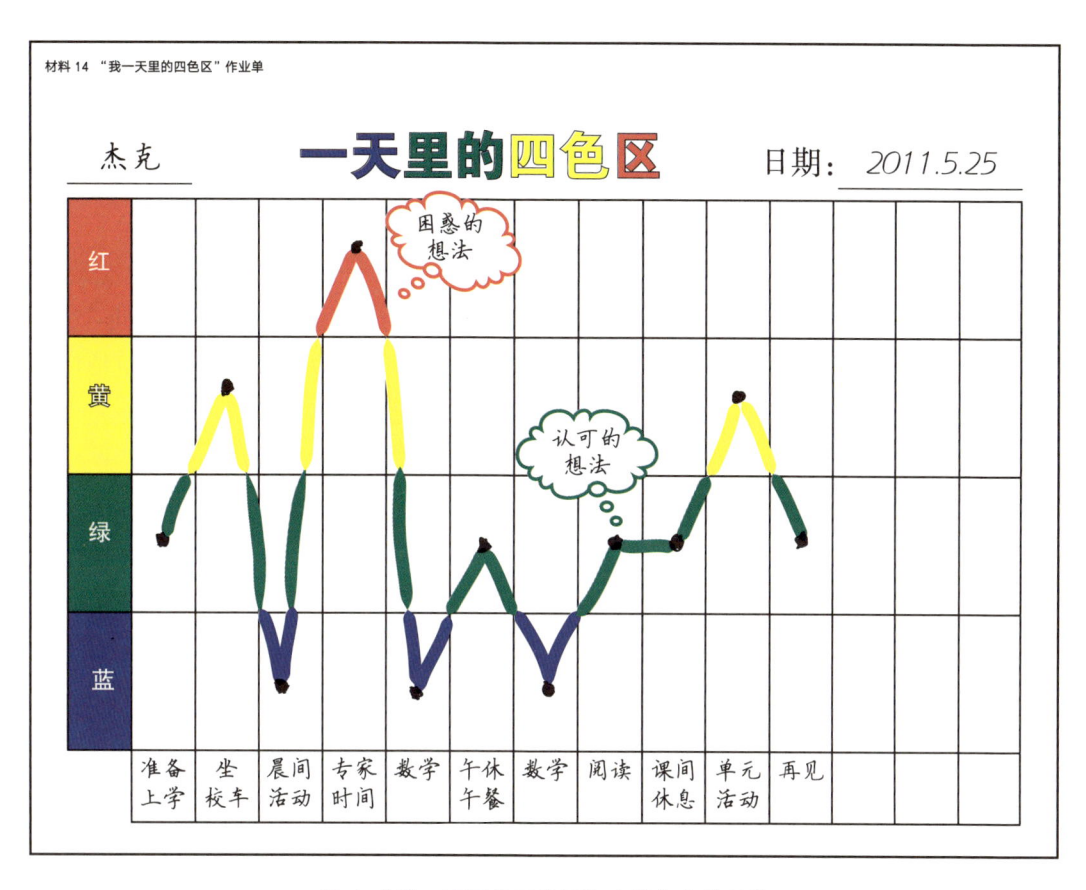

图 4 "我一天里的四色区"完整作业单示范

7. 和学生讨论，他们在每个时间点或时间段管理颜色区的方式是否符合期待，周围人对此产生了认可的想法还是困惑的想法。让他们选几个时间点，猜想别人当时对他们有怎样的想法，将这种想法写入"想法泡泡"并贴到图上。

本课的适应性调整

- 如果学生存在书写困难，那么你可以帮他们填好表格下方的日程内容。如果他们不够熟悉绘图的过程，那么你需要给他们更多的指导。
- 如果学生想不起他们在一天不同时段的不同感受，可以用提示物提醒他们，也可以用你记录的行为数据帮助他们，还可以让他们提前一天了解活动，第二天再提醒他们注意自己在不同活动中的颜色区。

总结

请学生与同学分享他们的四色区变化图，告诉大家他们在这一天经历了几个颜色区。通过以下问题试探并评估学生反思行为的能力：

- 你觉得这一天过得怎么样？
- 哪个部分是你想要改变的？
- 是什么事情或情况让你的颜色区发生了变化？

向学生解释，他们的颜色区在一天里出现波动是正常的。如果他们发现自己经常进入红色区、总在黄色区或在蓝色区待很久，他们就需要学习使用工具来调节他们的颜色区。借助工具来管理或改变颜色区，可以让他们更好地自我调节。让学生把"我一天里的四色区"作业单收进他们的四色区文件夹里。

泛化学习的方法

- 将作业单复印发给家长，促进家校沟通，也方便亲子讨论这一天的在校情况。当家长询问孩子"今天过得怎样"时，孩子的回答往往是"还行"，除此之外再无下文。有了这份图表，家长就可以鼓励孩子："单元活动看起来挺顺利的，你是怎么管理你的黄色区的？"对于有困难的情况，也可以一起寻求解决之道，比如："数学课上发生了什么，让你进了红色区？"
- "我一天里的四色区"作业单填写活动可以作为日常学习活动持续进行，帮助学生更好地认识自身的四色区在一天里的波动（自我调节）情况。这样可以让学生从一个更为全局的角度看到这种波动是如何影响他们的表现的。学生可以在每节课下课后自我监测颜色区状态，也可以在每天放学前集中填写。由于这份图表具有自我评估性质，它可以及时反馈学生的表现情况，让他们更有可能意识到什么时候需要调节他们的颜色区。
- "我一天里的四色区"作业单可以代替积分表，帮助学生自我反思一天之中的行为表现。

第8课活动的其他用法

自我调节

当学生学到第四章，开始借助各种策略进行自我调节的时候，你可以使用"我一天里的四色区"作业单来评估他们的自我调节能力是否在不断提高。这种能力的提高并不表现为折线图起伏不明显，而是无论在哪一个颜色区里，学生都有更多时间进行调节，表现出更多的期待行为。

材料 14 "我一天里的四色区" 作业单

一天里的四色区

红	黄	绿	蓝

日期：_____

材料 15　想法泡泡

其他人在想……（×24 个想法泡泡）

©2011 Think Social Publishing, Inc. All rights reserved.
From *The Zones of Regulation*™ by Leah M. Kuypers • Available at www.socialthinking.com

第 9 课　注意！前方触发因素

活动目标

- 学生能认识到管理好他们的触发因素和四色区会让他们更加成功
- 学生能识别导致他们进入蓝色、红色或黄色区的触发因素
- 学生能想办法管理触发因素

材　料

- 学生每人一张黄色卡纸或"触发因素作业单"（材料 16）
- 如果使用作业单，准备黄色马克笔、蜡笔或彩铅
- 如果使用卡纸，准备黑色记号笔
- 书写工具

概述

在本次活动中，学生将反思哪些活动或"触发因素"会把他们推入黄色、蓝色和红色区。在这个过程中，他们会和搭档头脑风暴，找出他们的触发因素并填写各自的作业单。当学生能识别自己的触发因素时，他们更容易觉察自己的警觉状态，也能更好地做出防备。这样可以为他们运用解决问题的策略或工具争取更多的时间。

老师须知

当学生能够识别自己的触发因素时，与之密切接触的成人就有责任帮助他们做好相关的调节工作。这包括在触发因素出现前让学生做好准备。比如，如果学生反映说很大的响声是一个触发因素，那么在有消防演习的时候就要提前通知他/她。这还包括尽可能地移除触发因素。比如，如果学生对气味敏感，老师就不要用香水了；如果学生觉得数学太难，就适当调整他/她的数学作业难度。

准备

- 填好"触发因素作业单"样本以便学生参考。
- 给每位学生复印一份"触发因素作业单"。或者,用黄色卡纸给每位学生剪一个正方形,再旋转成菱形的样子,用黑色记号笔在中间写上"注意!前方触发因素"。
- 将上课计划写在白板上:
  1. 导入
  2. 想一想你的触发因素
  3. 与搭档讨论触发因素
  4. 与全班交流你的触发因素
  5. 在"注意"标志里填写触发因素
  6. 总结

导入

1. 跟学生讲讲你个人的触发因素,吸引学生的兴趣。比如:

> 当我有太多事情要做但时间不够时,我感觉我会在黄色区里。我知道遇到这种情况需要多加注意,不然我会因为慌乱进入红色区。当我需要在一个期限内完成任务或做好一件事但又觉得我完全做不到时,我会很紧张、很焦虑。当这种情绪压得我喘不过气时,我就变得比较暴躁。这种时候,我很容易进到红色区里。

2. 告诉他们,这些事件叫作触发因素,我们需要觉察它们的存在以便保持警惕!告诉学生,当他们看到"注意"标志时,要做好心理准备,知道有异常的事要发生,需要更加谨慎。平时经常看到的"注意!前方道路施工""小心地滑!"之类的标志,就是在警告他们注意危险。告诉学生,待会儿他们要来思考哪些触发因素会导致他们进入黄色、蓝色或红色区。

3. 说明接下来将进行哪些活动以及本课的教学目标。

活动

1. 与学生分享你填写好的"触发因素作业单"。向他们介绍如何自制"注意"标志

（如图 5）并填写触发因素。

2. 让学生思考他们在日常生活中经历过哪些触发因素。让他们回想上周有哪些事件迫使他们进入了黄色、蓝色和红色区。

3. 让学生将想到的触发因素写到作业单上。如果用的是黑白作业单，让学生把"注意"标志涂成黄色。

4. 让学生两两搭档，交流各自的触发因素。鼓励学生想出更多的触发因素并添加到自己的列表中，也帮助对方找出更多的触发因素。

图 5 "触发因素作业单"示例

5. 让学生重新回到小组，与其他同学交流他们的触发因素。

6. 在整个活动中以及在之后遇到新情况时，学生可以持续添加更多的触发因素。

7. 通过观察学生的讨论及作业情况，评估学生对触发因素的识别能力。对于学生列出的触发因素，有些要做进一步分析，找到问题的根源。比如，如果学生将数学列为触发因素，那么问问他/她为什么讨厌数学（是数学本身太难，还是存在书写问题）。还有些触发因素需要你改变你的行为和对待学生的方式，或做一定的调整来加以避免。

老师须知

识别触发因素对很多存在调节问题的学生来说往往会比较困难。所以，如果你不太清楚哪些事件会让学生失控，向他们的家人、其他老师或员工了解情况应该会很有帮助。

年龄较小的学生可能更适合用视觉化的方式来表达他们的触发因素而不是使用文字。如果学生不能识别他们的触发因素，那就需要你直接告诉他们哪些事件会让他们陷入黄色、蓝色或红色区，让他们注意避免或想办法解决。

总结

让学生讨论以下问题，进一步评估学生对学习内容的理解：

- 你们觉得为什么需要识别自己的触发因素？
- 这对你们有什么帮助？
- 知道彼此的触发因素会有什么好处？
- 如果你知道了同伴的触发因素，你会有哪些不同的做法？
- 这样做对整个班级有怎样的影响？
- 下次当你发现你的某个触发因素出现时，你会怎么做？

与学生讨论，当他们能够识别是什么将他们推入黄色或红色区时，他们就可以采取一定的措施。告诉他们，作为老师，如果你理解哪些因素会改变他们的颜色区，你就能更好地帮助他们。更重要的是，如果他们理解哪些东西将妨碍他们取得成功，他们就可以更好地帮助自己。举例说明知道了触发因素，你可以怎样帮助学生、学生可以怎样帮助同学以及他们自己。让学生将"触发因素作业单"收入四色区文件夹。

泛化学习的方法

- 将完成了的"触发因素作业单"复印给学生家长，鼓励养育者往其中添加更多内容。
- 为鼓励学生思考他人的触发因素、提高对他人触发因素的意识，让他们为家里人或与他们有密切接触的人（比如老师或辅助人员）制作触发因素作业单。鼓励他们思考哪些触发因素会导致这些人进入黄色或红色区，让他们反思他们的某些行为是否就是这些人的触发因素。
- "触发因素作业单"可以由全体家庭成员一起完成，以便大家更好地认识哪些因素会妨碍彼此保持协调状态，从而营造一个相互支持、相互帮助的家庭氛围。你不妨也和同事一起来填一填。

材料 16

＿＿＿＿＿＿的触发因素作业单

⚠️ **注意！** 有些事情会让我感到不安、担忧、生气或懊恼！这些事情叫作"触发因素"。它们使我进入蓝色、黄色或红色区！下面是我的一些触发因素：

注意！
前方触发因素

©2011 Think Social Publishing, Inc. All rights reserved.
From *The Zones of Regulation*™ by Leah M. Kuypers · Available at www.socialthinking.com

检验学习效果的方法

下面这些非正式的评估方法可以帮助你判断学生对四色区概念的理解程度。至于这些评估如何进行、哪些方法最适合你的学生则由你来决定。

打卡

打卡活动可持续进行，用来非正式地评估学生使用四色区概念识别自身感受的能力。一旦学生学完第1课的四色区概念，你就可以用打卡活动来实现新旧课的衔接并监测学生的学习效果了。上完第1课后，你应该在接下来每一课的开头安排打卡活动，也可以更频繁些，比如，在上其他科目的课时，利用每节课的最初几分钟进行打卡。根据学生的不同需要，打卡活动可以采用不同的形式，比如：

- 使用"四色区打卡表"（图6；详细说明见下文"学习效果检验方法的视觉支持"）
- 在白板上写：我感觉_____。我在_____区里。让学生按照这一格式进行口头报告。
- 将四色区翻翻书粘到学生的课桌上以便操作和提示（图7；详细说明见"学习效果检验方法的视觉支持"）。在每一课的开头，要求学生根据他们的颜色区翻到相应的页面；之后，只要感觉颜色区有变化，就翻到新的页面。
- 使用教室展示的"四色区墙报"（图8；详细说明见第1课），按照学生的四色区情况，将他们的照片或姓名卡放到不同的颜色区或颜色区边上。可以用魔术贴粘贴学生的照片或姓名卡，也可以使用夹子夹住。
- 让学生直接进行口头报告。

观察学生的行为

你也可以通过观察学生的行为来进行非正式的评估。以下是一些可能的观察机会：
- 学生自发使用四色区概念描述他们的感受。可以在随机对话、学生独立操作四色区墙报的照片或使用翻翻书的过程中进行观察评估。
- 在学生指出他们的颜色区时，根据他们的回答和你的主观判断，衡量他们正确识别自身颜色区的能力。如果你对学生的回答持怀疑态度，可以温和地询问他们正在体验的会不会是另一种感受。你可以描述他们当时的样子，比如："我看到你在微笑，坐得也挺直，你会不会也在绿色区呢？"

学习效果检验方法的视觉支持（"可下载配套资料"中包含这些视觉材料）

在作为非正式评估的打卡活动中会使用视觉支持材料。这里介绍几种材料的制作方法：

- 四色区打卡表
- 四色区翻翻书
- 四色区墙报

你需要在活动前准备好这些视觉材料。如之前所说，你可以根据学生的年龄和年级、言语能力、认知水平和小组规模，来决定选用哪一种活动方式和视觉材料。

四色区打卡表（图6；见下文材料17）
- 年龄较大的学生

1. 打印"四色区打卡表"模板。
2. 给打卡模板覆膜。

将覆过膜的打卡模板当白板来用，让学生用干擦记号笔在上面填写答案；也可以把它用作视觉参考，让学生对照着口头汇报他们的感受和四色区情况。

- 年龄较小的学生（或无言语的学生）：将打卡表换成沟通板

在低龄或无言语学生进行四色区打卡活动时，可以适当调整，将打卡表换成沟通板，促进打卡活动的顺利进行。

1. 打印"四色区打卡表"模板、四色区图标（材料17）和情绪图片（材料3）。
2. 给打卡模板覆膜。
3. 如果是黑白打印，给四色区图标涂上相应的颜色。必要的话，用四色区颜色在情绪图片的四边勾出相应颜色的轮廓，给学生更多的提示。

4. 给四色区图标和情绪图片覆膜。

5. 剪开四色区图标和情绪图片。

6. 在四色区图标和情绪图片的背面正中贴上小块魔术贴（1.5厘米×1.5厘米）。在教幼儿或存在认知困难的个体时，建议从最基础的情绪开始，比如难过、劳累、开心、平静、迷糊、愤怒等，随后再增加比较复杂的情绪。保证每个颜色区至少包括一种代表性情绪。

7. 将魔术贴的另一面粘到四色区打卡表上两个空白方格的中心（即"我感觉□"和"我在□区里"的"□"里）。在第二个句子下方从左到右横贴两到三条魔术贴（具体看你要贴多少张情绪图片）。将所有情绪图片粘贴到最上面的一两条魔术贴上，四色区图标则粘贴到最底下的一条魔术贴上。详见图6示范。

在打卡时，将这块沟通板轮流呈给每一位学生。读出上面的第一句话，让学生选出一张最能形容他/她当时感受的情绪图片。再读第二句话，让学生选出与他/她的情绪相匹配的颜色区。

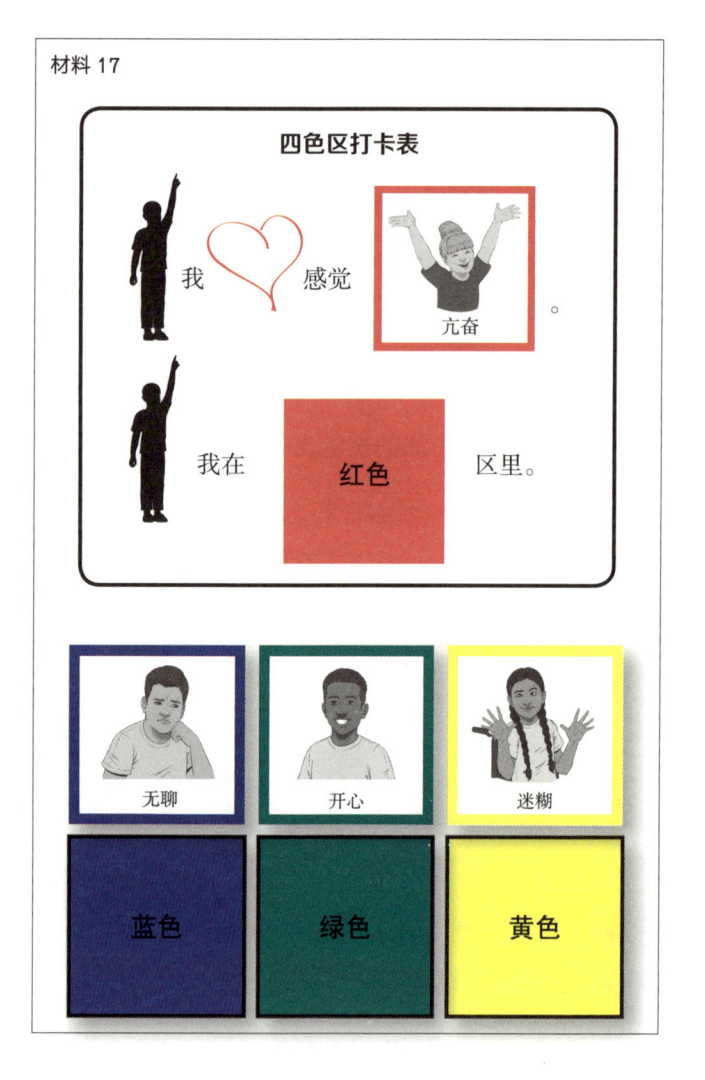

图6 用作沟通板的四色区打卡表示例
（适用于低龄及无言语学生）

材料 17　四色区打卡表——第 1 页

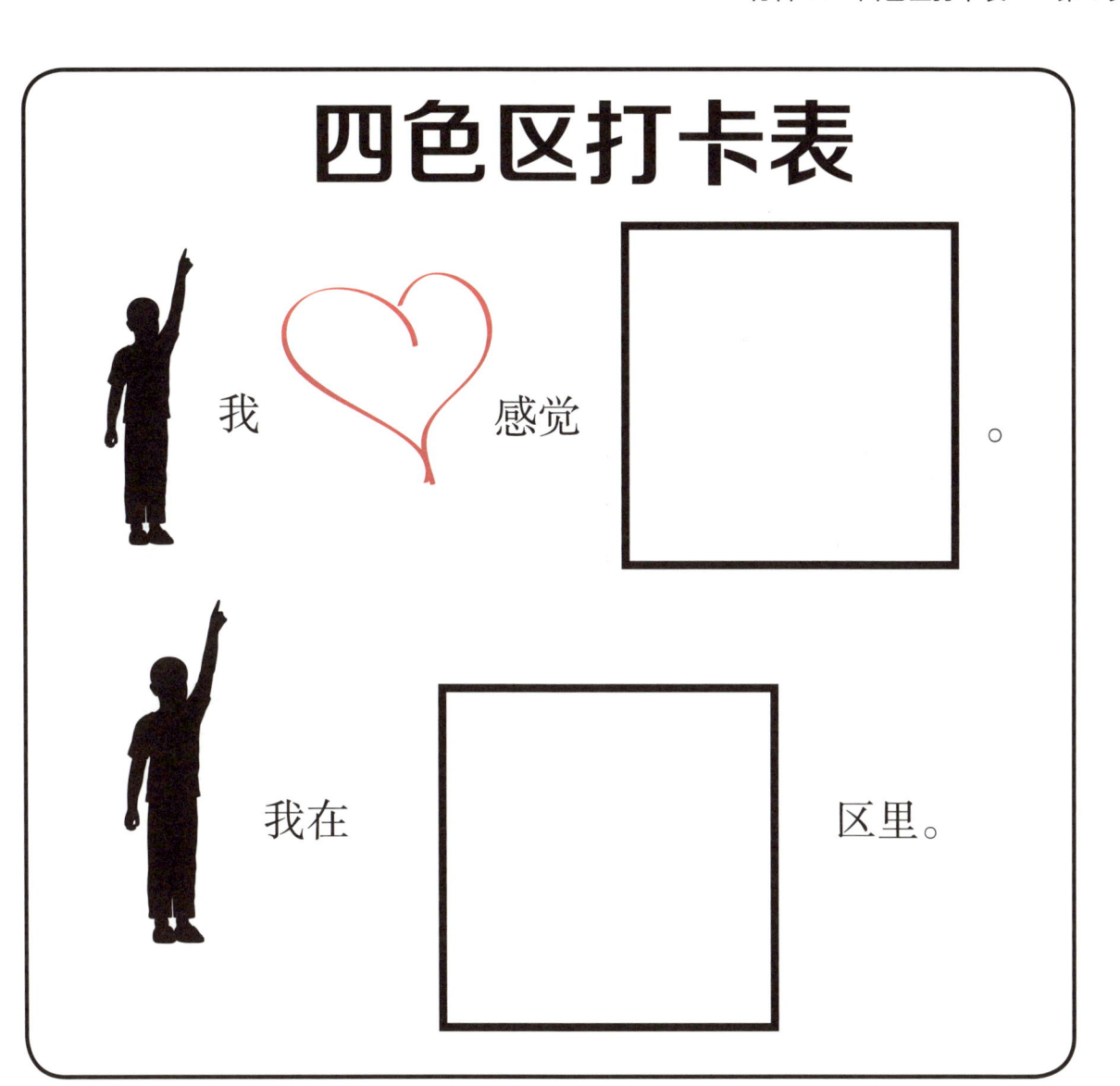

四色区打卡表

我 ♥ 感觉 ☐ 。

我在 ☐ 区里。

四色区打卡表

如果要将四色区打卡表换为沟通板，请剪下以下视觉标识备用。

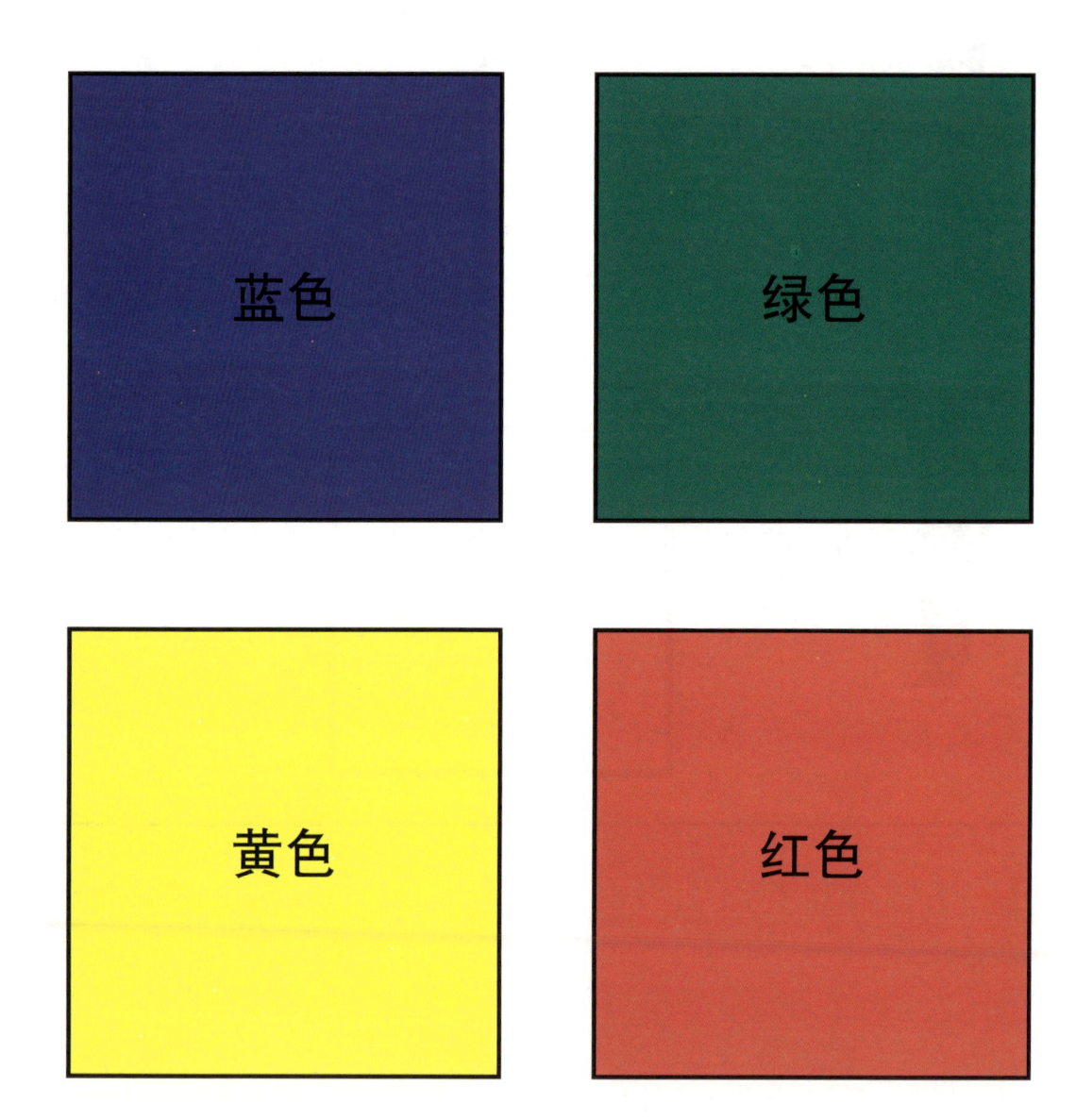

蓝色	绿色
黄色	红色

四色区翻翻书

下面介绍用彩色卡纸制作四色区翻翻书的方法。

1. 剪出蓝、绿、黄、红色各 2 个长方形（尺寸约 9 厘米 ×15 厘米）；再剪出 2 个白色长方形。这样，你共有 10 个大小相同的长方形。

2. 按顺序将长方形两两互粘：白色-蓝色，蓝色-绿色，绿色-黄色，黄色-红色，红色-白色，得到 5 组长方形卡片。

3. 将每组卡片覆膜，使之更加耐用。

4. 整理卡片。白色的两面分别用作翻翻书的封面和封底，其他四个颜色按蓝-绿-黄-红的顺序，蓝色与蓝色相对，绿色与绿色相对，黄色与黄色相对，红色与红色相对。在翻书的时候，你会看到上下两面同色，如图 7。

5. 使用胶带、螺旋线圈或装订环将卡片装订成册。

6. 将白色封底粘到学生的课桌上，方便学生翻面示意他/她所在的颜色区（两面同色打开在桌面上，老师能清楚地看到学生的颜色区）。

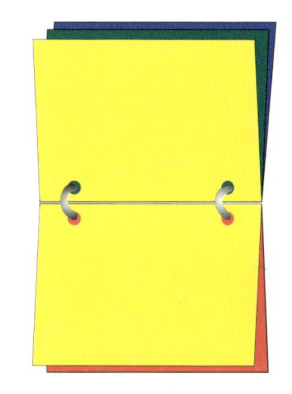

图 7　四色区翻翻书示例

7. 你还可以给翻翻书赋予个性：选用不同的情绪图片来代表四个颜色区的感受，或在各个颜色区卡面上添加可用工具的图片。

四色区墙报

四色区墙报的视觉材料制作方法在第 1 课有详细的说明。和学生一起制作四色区墙报本身就是学习的一部分。

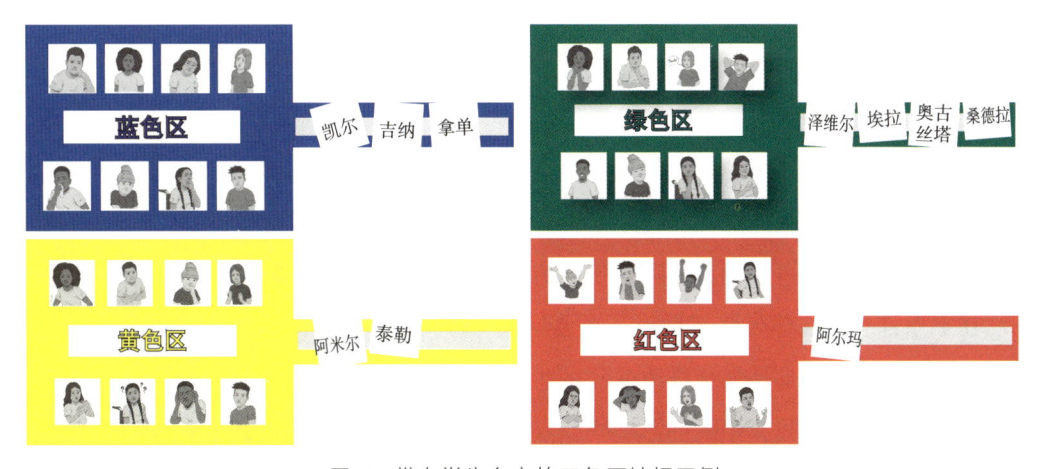

图 8　带有学生名字的四色区墙报示例

第四章
离弦之箭

....

探索冷静和警觉工具

在本章几课中，学生将学习并练习使用能帮助他们调节颜色区的工具（第五章则着重于理解什么时候应该使用这些工具）。正如之前谈到，你最好能将这些课程内容渗透到整个四色区课程的教学之中。这几课不分先后，可按任意顺序教学。每一课都会针对不同工具类型介绍背景信息，也对工具的呈现方式提出建议。

本章目标

到本章结束时，学生将：

- 理解可以用策略或工具来帮助他们调节颜色区（第10、11、12课）
- 理解工具对每个人的作用是不同的，他们需要判断哪些工具对他们最为有效（第10、11、12课）
- 知道至少5种能使他们冷静的策略，至少2种可以提高警觉性的策略和至少1种有助于调节绿色区的策略（第10、11、12课）
- 能够演示一种自我调节策略的使用方法（第10、11、12课）

在本章课程中，学生将考虑以下重要问题：

- 使用四色区工具是怎么样改变我的想法和感受的？
- 所有工具都对我有相同的影响吗？还是说某些工具比其他工具更有效？

本章课程旨在帮助学生探索各种工具，理解这些工具对他们的帮助作用。之所以要广泛探索各种工具,是因为有些学生可能会对不同种类的工具产生兴趣。为了便于思考,我们将所有工具整理成了三类:感觉支持、冷静技巧和思维策略。这三类之间存在一定的交集。很多冷静技巧既会从生理层面着手,力求改变身体对压力状况的反应以舒缓神经系统,也会从神经认知层面发力以改变大脑的思维方式。比如,深呼吸能从身体层面应对压力导致的生理变化,让神经系统更放松。同时,它也包含神经或认知性要素,通过连续的深呼吸,或把手放在腹部感受呼吸的运动过程,可以让大脑重新保持专注。深呼吸还能将更多氧气输送至大脑,让大脑更有效地发挥功能。

在教授如何处理感觉需要和冷静技巧之外,我们也有必要让学生认识到思维模式是如何导致他们陷入失调状态的。正如之前谈到,在调节方面存在挑战的学生在执行功能方面往往也存在困难,而执行功能又与情绪调节能力息息相关。在调节方面存在挑战的学生往往是非黑即白的刻板思维者,他们看不到黑白之间还存在各种灰调。他们很难保持客观,容易关注无关紧要的细节而看不到全局,因而很难理性地思考自身的想法和感受。他们的自我对话常带自我否定,比如"我做不了这个""总是轮不到我先走""从来没有人听我说话"。作用于思维模式的工具可称为"思维策略",因为它要改变的是人的认知性想法。用来调节思维模式的课程材料和方法有很多,这些课程和方法往往还可以用来处理焦虑之类的情绪、应对感觉需要和培养社交技能。了解相关出版物信息,见"资源推荐"。

本章将介绍以下三类帮助学生调节的工具:

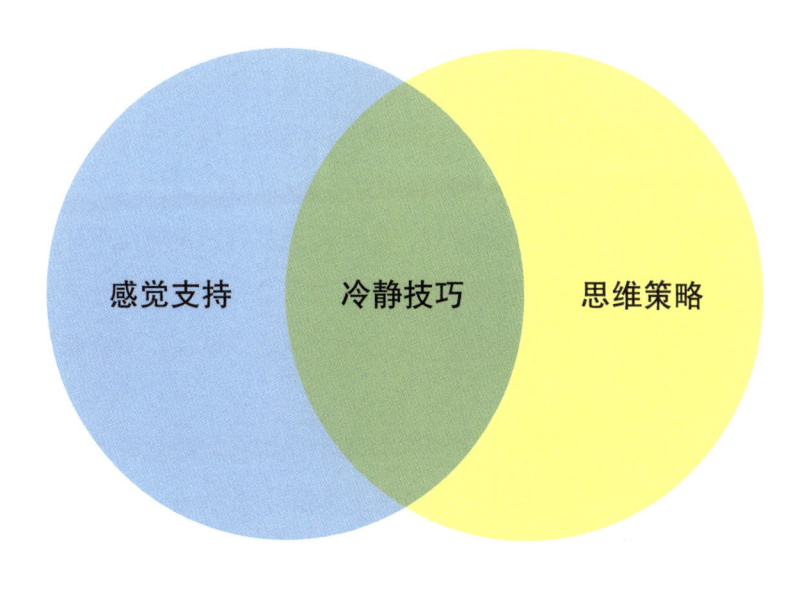

感觉支持　　冷静技巧　　思维策略

感觉支持

- 具体要看你手头有哪些感觉支持材料和装备

冷静技巧

- 六边呼吸法
- 懒 8 字呼吸法
- 平静序列图
- 数到十
- 深呼吸

思维策略

- 大问题和小问题
- 内在导师和内在批评师
- 弹力超人思维和石头脑思维

本章课程的教学

在本章课程中,学生将利用"四色区工具作业单"(材料 18)对不同工具进行分类整理并评估它们的有效性。如果在之前的课程教学中你一直在给学生渗透这些工具,那么当他们开始理解自己的四色区(第三章的课程)时,他们应该已经意识到某些工具可以用于自我调节了。

为了让学生能成功使用工具进行调节,最好持续给他们创造练习的机会,让他们在平静状态下逐渐习惯工具的使用,尤其是那些有助于调节黄色或红色区的工具。在紧张状态下,学生是不会去尝试只用过一两次的工具的。只有在平静状态下反复练习过的工具,才会在习惯的作用下被自然地运用到黄色或红色区的调节中。

建议将工具练习纳入学生的每日常规,保证每天都有固定的练习时间(比如,课间休息之后或晚上睡觉之前)。全班统一练习则有助于建立四色区文化,让所有学生都能借助工具来保持平静和专注并使用同一套语言来沟通。这样,那些调节起来较为困难的学生就不会显得很突兀。

在本章的学习中,学生将探索各种工具并逐个评判它们对自身的影响。在后续的课程中,学生还会将所学工具整理成"四色区工具箱",作为他们的视觉参考,也帮助他们更好地理解什么时候应该使用这些工具。学生将使用"四色区工具作业单"来评判每个工具对他们的作用。即使是之前曾经列入这个单子的工具也可以再次列入,让学生重新分享他们的使用体验。因为在第一次尝试工具时，学生往往不得要领，或者过于关注同伴的情况而无法准确把握自己的感受。他们平常应对挫败或焦虑的习惯性反应也很可能是"什么都没用"。这些学生往往没有在平静状态下练习使用工具，虽然听了多年的"深呼吸""数到十"，但其实他们在那一刻早就失去了应对能力，使用工具自然以失败告终。你可以告诉这些学生："没有什么是一次见效的，不要说第一次，就算第二次、第三次都有可能不见效。所以，我们需要练习，再练习，直到很好地掌握它们。"

　　有些学生比较容易陷入蓝色或黄色区中，这是天性使然。我们必须帮助他们找到可以调节蓝色/黄色区的工具，让他们也能满足场景的需求、实现自身目标并获得安适之感。除了本章的工具，学生还可以从其他工具和方法中获益，比如，引导式想象（guided imagery）（在 iTunes 商店和 www.amazon.com 上可以找到大量资源）、心理视觉化（mental visualization）（比如"想象你在你最喜欢的地方，画出那个地方，跟我说一说"，或者像"第 11 课附加学习活动"中介绍的那样，将对学生有平静作用的图片集结成册）、健脑操（Brain Gym®）或瑜伽。

教学计划和学习活动

第 10 课　探索感觉支持工具

活动目标

- 学生认识到感觉支持工具对他们调节情绪四色区有哪些帮助
- 学生理解感觉支持工具既可以帮助他们更加清醒、警觉,也能让他们更加冷静、有条理
- 学生理解为了实现自我调节,感觉支持工具应该用到所有颜色区之中
- 学生知道如何获取并使用感觉支持工具

材　料

- 本课具体用到哪些材料要看你能准备哪些材料或装备。这里推荐几样你可以尝试的感觉支持工具。有些设备比较特殊,比如秋千,你手头不一定有。如果是这样,那么可以让学生利用学校和家里常见的物品来探索其他各种感觉支持工具,比如,让他们提起一摞书。

  推荐一个订购感觉支持工具的网站:www.abilitations.com、www.southpawenterprises.com。

- 可探索的感觉支持工具推荐:
  - 挤捏解压球或橡皮泥(Silly Putty®)/康复训练泥
  - 在米桶中掏挖或搜寻物品
  - 坐着使用加重盖毯/背心/膝垫
  - 坐在充气坐垫上(Move-n-sit 或 Disc-o-sit 垫,可提供微微晃动的坐感)
  - 佩戴降噪耳机
  - 做墙壁俯卧撑
- 推、拉或搬运重物(有意义的体力活,比如堆叠座椅、推手推车、提一筐东西或一摞书、扫地或拖地、擦桌子或黑板)

- 荡秋千或攀爬猴架（一般来说在户外操场上进行，室内有的话亦可）
- 玩滑板
- 跳跃（跳绳或蹦床）
- 骑自行车或滑板车
- 用豆袋沙发或超大号枕头挤压身体，提供深压刺激
- 坐在康复球上弹跳
- 钻爬枕头/靠垫/被毯
- 学生每人一份"四色区工具作业单"（材料18）
- 四色区颜色的彩笔
- 一个计时器

概述

在本次活动中，学生将在教室的不同站点轮流探索各种感觉支持工具，了解它们是如何影响他们的警觉水平的。具体在教学中使用哪些感觉支持工具要看你手头有哪些材料和工具。相关建议见"材料"部分。

背景信息

每个人都有自己喜好或讨厌的感觉刺激。比如，你可能喜欢闻香水味或者通过焚香让自己心静。但同样的气味或刺激在别人那里可能会变得难闻又讨厌，让他们感觉失调、身心难安。感觉支持工具，例如本课列举的这些，有助于舒缓或提振中枢神经系统，使学生更好地过滤无关背景刺激，更多地关注并专注于相关刺激。以有意义的、适应性的方式提供学生渴望的感觉输入，能促进神经系统的协调运作，避免他们为了满足感觉需要而做出破坏性行为。

有些学生只需坐着使用感觉支持工具就能满足对触摸（比如玩解压球）、活动（比如用康复球代替椅子）或肌肉运动（比如在课桌腿绑上弹力带或弹力布，方便学生拉伸腿部）的需要。也有学生需要更剧烈的活动，比如干重活、跑步、爬行、撞击、摇荡、钻爬枕头/豆袋沙发，才能达到学习和社交所需的最佳警觉状态。

存在感觉处理困难的学生需要个别化的"感觉餐"，即为他们量身订制的活动，来协调感觉系统以更好地调整和调节自己。本课对感觉支持工具的列举称不上全面。每个学生都会有自己觉得比较好用的工具。我们希望你使用的工具清单能体现学生的个

别化需要。想了解更多感觉统合和感觉处理方面的信息，你可以咨询有经验的作业治疗师，最好是受过感觉处理方面专业训练的作业治疗师，也可以参考这方面的书籍《感觉型孩子：对感觉处理障碍儿童寄予希望、提供帮助》(*Sensational Kids: Hope and Help for Children with Sensory Processing Disorder*)、《帮孩子找到缺失的"感觉拼图"》(*The Out-of-Sync Child: Recognizing and Coping with Sensory Processing Disorder*)。警觉训练课程也有助于学生更深入地学习、探索感觉支持工具（更多信息见"资源推荐"）。

老师须知

虽然作业治疗师具有较强的感觉统合方面的理论背景，但很多教师和家长在提供日常感觉支持方面也有丰富的经验。如果教师和家长在提供感觉支持方面具有最起码的知识和经验，那么本课的活动可以由教师在教室或由家长在家督促进行。但如果你对感觉处理问题还比较陌生，建议你和作业治疗师一起完成本课的教学工作，或者索性交给作业治疗师来完成。如果学生存在严重的感觉寻求或感觉防御行为，强烈建议你向受过感觉处理障碍（SPD，Sensory Processing Disorder）专业训练的作业治疗师提出咨询。感觉寻求是指对某种感觉的强度需求大大超出一般同龄儿童的水平，常见的是学生寻求身体活动、触摸及/或对肌肉和关节的刺激输入（比如通过撞击、挤压、跳跃、磕碰、打滚）。感觉防御是指对大部分人可以忍受的感觉刺激感到极度不适，常见于触觉（比如对不同的衣物质地敏感或讨厌洗漱活动）、听觉（对声音敏感）、味觉（比如挑食）、嗅觉（比其他人对气味更加敏感）和运动觉（比如不能确定是否踏足不稳定的表面）。

准备

- 学生每人一份"四色区工具作业单"。
- 在教室的不同位置设置使用感觉支持工具的站点。根据学习活动的可用总时长和学生数量，确定每个学生在特定站点停留的时间。保证学生有足够的时间记录他们正在使用哪种工具、该工具可以用到哪个或哪些颜色区并完成所有站点的学习。在记录每个工具适用的颜色区时，可以选择一个或多个颜色区。
- 在白板上列出所有感觉支持工具的名称，方便学生参考。

- 将教学计划写到白板上：
  1. 导入
  2. 在不同的站点轮流学习，记录颜色区
  3. 总结

导入

1. 告诉学生他们将去不同站点探索不同的感觉支持工具并记录它们的使用效果。
2. 介绍本次学习活动的内容及目标。

活动

1. 让学生去不同站点探索不同的感觉支持工具。在你介绍本课目标、进行活动说明时，就可以开始邀请他们试用第一个感觉支持工具了。

2. 跟学生解释，在整个活动中他们会轮流去往不同站点，逐个体验每一种感觉支持工具。每到一个站点，在使用那里的工具时，他们需要考虑这个工具是能帮助他们更加冷静、更为清醒，还是毫无作用。如果他们注意到该工具有冷静或警觉作用，让他们将这种特征与四色区联系起来：在黄色和红色区需要用到有冷静作用的工具，在蓝色区则要用到有警觉作用的工具。

3. 让学生在作业单上圈出他们觉得该工具会对哪个或哪几个颜色区有用（见图9）。告诉学生，每个工具都可以对应一个或多个适用的颜色区，也可以选"无"，表示没有适用的颜色区。

> **老师须知**
>
> "四色区工具作业单"因人而异，因为每个学生觉得有效的工具各不相同。不要强制学生圈出单子上的某一个颜色区，但可以指出你观察到的他们使用该工具的情况。

4. 等学生填写完该工具的相关内容，让他们去往下一站点。
5. 当学生在站点间轮流体验工具时，你可以四处巡视，评估他们对工具所适用颜色区的选择与你的观察结果是否一致。

材料 18			姓名： 简·多伊		
四色区工具作业单					
工具名称	圈出你认为可以用到这个工具的颜色区（单选或多选）				
木桶	蓝	绿	黄⭕	红⭕	无
橡皮泥	蓝	绿⭕	黄	红	无
童垫	蓝	绿⭕	黄	红	无
解压球	蓝⭕	绿	黄	红	无
耳机	蓝	绿	黄⭕	红	无
坐在球上	蓝⭕	绿⭕	黄⭕	红	无
加重背心	蓝	绿	黄⭕	红⭕	无
背部按摩	蓝	绿	黄⭕	红⭕	无
	蓝	绿	黄	红	无
	蓝	绿	黄	红	无
	蓝	绿	黄	红	无
	蓝	绿	黄	红	无
	蓝	绿	黄	红	无
	蓝	绿	黄	红	无
	蓝	绿	黄	红	无
	蓝	绿	黄	红	无
	蓝	绿	黄	红	无
	蓝	绿	黄	红	无

©2011 Think Social Publishing, Inc. All rights reserved.
From *The Zones of Regulation*™ by Leah M. Kuypers · Available at www.socialthinking.com

图 9 "四色区工具作业单"示例

6. 当学生在不同站点体验工具时，向他们进一步解释这些工具可以如何帮助他们调节身心。使用与学生的年级水平相适应的语言。告诉他们，有些工具可以让处在蓝色区的他们感觉舒适、打起精神、变得更加警觉，有些工具可以让处在黄色或红色区的他们冷静下来、集中注意力，还有些工具可以让处在绿色区的他们更加舒适安心。今天，让他们来检测一下，看哪些工具对他们最有帮助。

- 问问学生，如果他们整天都在蓝色区中又不加调节，以致出现了非期待行为，这一天会是什么样子。解释有工具和策略帮助他们打起精神或让他们心里不那么难受的重要性。
- 问问学生，如果他们整天都在黄色区中又不加调节，以致出现了非期待行为，这一天会是什么样子。解释有工具和策略帮助他们放松身心或重获控制感的重要性。

总结

引导小组讨论,请学生跟大家分享他们发现哪些工具分别有助于他们冷静、清醒和在绿色区感觉良好。阐明每个人都不一样,对他们起作用的工具也不一样。让学生将他们的"四色区工具作业单"收入四色区文件夹。

> **可能的蓝色区/警觉工具**
>
> 可以和学生一起探索的蓝色区工具包括:嚼口香糖、吃酸味糖果、喝水、涂鸦、做运动、做健脑操、听轻快的音乐、呼吸新鲜空气等。

泛化学习的方法

正如之前谈到,我们有必要在每天抽点时间让学生练习使用工具。如果学生正遭遇着感觉差异的挑战,那么他/她需要主动获取感觉支持,以便以有意义且适应性的方式满足自身的感觉需要。如果学生的感觉需要没有得到满足,他们总是会想办法去满足,而且往往是以比较有扰乱性和破坏性的方式(比如跑出教室、对同伴过于粗暴、碰撞或触摸他人等)。

在使用"四色区工具作业单"探索感觉支持工具后,哪些工具对学生最为有效就很清楚了。此时,所有员工就该齐心协力,帮助学生进一步评估这些工具可以在多大程度上满足他们的需要。与大家分享学生的"四色区工具箱"(将在下一章讲解如何制作)有助于推进这个过程。

姓名：_____　　　　　　　　　　　　　　　　　　　　　材料 18

四色区工具作业单

工具名称	圈出你认为可以用到这个工具的颜色区（单选或多选）				
	蓝	绿	黄	红	无
	蓝	绿	黄	红	无
	蓝	绿	黄	红	无
	蓝	绿	黄	红	无
	蓝	绿	黄	红	无
	蓝	绿	黄	红	无
	蓝	绿	黄	红	无
	蓝	绿	黄	红	无
	蓝	绿	黄	红	无
	蓝	绿	黄	红	无
	蓝	绿	黄	红	无
	蓝	绿	黄	红	无
	蓝	绿	黄	红	无
	蓝	绿	黄	红	无
	蓝	绿	黄	红	无
	蓝	绿	黄	红	无
	蓝	绿	黄	红	无
	蓝	绿	黄	红	无
	蓝	绿	黄	红	无
	蓝	绿	黄	红	无

©2011 Think Social Publishing, Inc. All rights reserved.
From *The Zones of Regulation*™ by Leah M. Kuypers · Available at www.socialthinking.com

第 11 课　探索冷静工具

活动目标

- 学生认识并尝试使用有助于平静身心的冷静技巧
- 学生了解冷静技巧是如何帮助调节情绪四色区的
- 学生思考哪些工具可以帮助他们有效调节自己

材　　料

- 学生每人一份"四色区工具作业单"（材料 18）。如果在学习感觉支持工具时已经用过这张表单，那么可接着使用。
- "六边呼吸法"示意图（材料 19）
- "懒 8 字呼吸法"示意图（材料 20）
- "我的平静序列图"示意图（材料 21）
- 学生每人一张白纸
- 四色区颜色的彩笔

概述

本次活动中，学生将一起练习多个冷静技巧并使用"四色区工具作业单"思考这些技巧对他们的作用。这些冷静技巧包括：

- 学会深呼吸
- 六边呼吸法（以六边形引导呼吸的方法）
- 懒 8 字呼吸法（以卧倒的 8 字引导呼吸的方法）
- 数到十
- 平静序列图（常用的冥想准备动作，有序重复包括肌肉收缩和深压刺激在内的一套动作）

这些冷静技巧融合了舒缓感觉和神经系统的生理性要素和舒缓头脑的认知性要素，

可以帮助学生调节情绪，摆脱应对紧张局面时身体本能的"对抗、惊吓或逃跑"反应。

准备

- 打印课上将介绍的冷静技巧的相关视觉材料（材料 19、20、21）。
- 如果学生还没有使用过"四色区工具作业单"（材料 18），则给每人打印一份（如果学生上过第 10 课，可以继续使用第 10 课用过的作业单）。
- 如果白板上的教学计划中没有写明冷静技巧的名称，那么在一旁单列出来以便学生抄写。
- 阅读"活动"部分的步骤介绍，结合后面的示意图，练习这些技巧并进行教学演练。

> **老师须知**
>
> 　　本课教授的技巧中有几个都涉及深呼吸，但很多学生都把握不好深呼吸的节奏。在最初的深呼吸练习中，他们很可能放松不下来，反而出现呼吸急促的情况。如果在这些冷静技巧的引入过程中，你发现学生把握不好深呼吸的节奏，那么先停下来解决呼吸节奏的问题，再继续后面的教学。你可以放一点轻松的音乐，调暗灯光，让学生躺到地板上，将双手置于腹部。让他们假想腹部有一个气球，缓缓往里充气，双手感觉它的膨胀。然后，引导他们缓缓呼出气体（不要产生任何声效）。你也可以在他们的腹部放一本书或一个物品，让他们看到它随着呼吸起起伏伏。这样做的目的是让学生学会使用横膈膜来深呼吸，这样的呼吸可以缓解肌肉紧张，增加血液中的氧气含量。让学生比一比谁的呼吸最慢。在必要且不违反学校规定的情况下，试着将你的双手放到他们的胸腔下方，轻轻运手，协助他们完成呼吸动作。学生在学习新技能时往往会由于不习惯而大笑、傻笑或出现不恰当行为，在初次接触深呼吸时也会这样。每天留出一点时间，趁学生心平气和时，带他们练习深呼吸技巧，情况很快就会好转。

- 将教学计划写到白板上：
  1. 导入

2. 练习冷静技巧
    * 六边呼吸法
    * 懒 8 字呼吸法
    * 平静序列图
    * 数到十
3. 记录工具效果
4. 总结

导入

1. 向学生介绍，他们将学习几个冷静技巧，这些技巧通常能帮助人们放松身心。请学生说一说他们最近在红色或黄色区使用过哪些让自己冷静的策略：

- 之前讨论过，我们在不同颜色区的非期待行为会让其他人感到困扰。现在，我们来看看哪些工具可以用来帮助我们调节我们的四色区。谁来说一说，你是用什么方法让自己冷静下来的？

2. 告诉他们，除了已有的方法，他们还将学习一些新的工具。介绍本课的学习目标。说明冷静是怎样一种感觉，突出身体和大脑的生理感受。让他们参考四色区文件中"绿色区中的我"（第 6 课）。

- 你怎么知道自己冷不冷静？你看起来是什么样子的？你的身体会发出哪些信号？

活动

1. 向学生解释，他们要来探索能让他们感觉放松或平静的四色区工具了。

2. 给学生每人一份"六边呼吸法"讲义。逐个讲解白板上列出的冷静技巧。如果学生还没有"四色区工具作业单"，给他们每人发一份。

3. 引导学生练习"六边呼吸法"（方法说明见讲义）。至少练习 5 轮。让学生体会这种方法是否有助于平静，并在作业单上做好记录：是否有帮助，如果有，可用于哪个或哪些颜色区的调节。

4. 在白板上画一个躺倒的 8 字（懒 8 字），画大一些。让学生也在纸上画一个，或每人发一张"懒8字呼吸法"示意图。引导学生进行懒8字呼吸：伸出手指，顺着8字的书写轨迹行进；在8字左半边时吸气，到右半边时呼气。这一活动也有助于学生练习"越过中线"（即用右手操作放在身体左侧的物品）并促进左右脑并用，提高他们的身体意识及阅读和书写技能。

5. 下发"我的平静序列图"，带学生练习完整的平静序列动作，重复5次。卡丽·邓恩·比龙在《焦虑，变小！变小！》[①]（见"资料推荐"）中将这一冥想技巧引入特殊需要儿童的教学训练之中。让学生体会这一方法对他们是否具有冷静作用并在四色区工具作业单上做好记录。

6. 引导学生练习"数到十"。用缓慢轻柔的声音，给学生示范如何在心里默数一到十，眼睛睁着或闭上都可以。跟他们解释，这样能让他们有时间思考和计划如何做出反应。这样数比较便于学生学习和记忆这个工具："一、稳住，二、稳住，三、稳住……十、可以了。"让他们在四色区工具作业单上做好记录。

总结

通过以下问题，评估学生的掌握情况：

- 掌握各种冷静技巧对我们有什么好处？
- 回想上一周，你是否有机会使用今天学的某个技巧来调节你的颜色区？
- 如果你当时使用了工具，对周围的人会有怎样的影响？

告诉学生，他们会持续探索冷静工具并记录使用感受，以便找到对他们来说最为有效的调节工具。让学生把"四色区工具作业单"收入四色区文件夹中。下一章的课程将探讨如何教学生掌握在不同颜色区中使用工具的时机和方法。

泛化学习的方法

- 正如前文所说，我们有必要每天抽一点时间让学生练习使用工具。将冷静技巧的练习纳入每日常规可促进这些工具的持续使用。在比较振奋的活动，比如课间活动、玩耍或体育课之后，以及在需要专注的活动，比如做作业或上较难的课

---

① 编注：《焦虑，变小！变小！（第2版）》中文简体版已由华夏出版社于2020年出版。

之前，都是尝试使用冷静工具的好时候。
- 学生将相关资料带回家，让养育者将冷静技巧纳入每日常规之中（比如做作业或睡觉前），实现每日一练。

本课的适应性调整

- 如果学生存在书写困难，可以由你来记录使用感受。如果学生无法判断某个冷静技巧可以用于哪个颜色区，你可以指出你的观察结果、你认为它对他/她应该具有冷静作用还是警觉作用。
- 如果学生有自己已经在使用的冷静工具，务必把它列入"四色区工具作业单"中。学生如果参与了某个策略的制订，就更可能积极练习这个策略。"六边呼吸法"就源于之前某个学生的想法，它的示意图和操作方法都由我们一起完成。一开始，他有很多自我否定的言论，认为所有工具都没用。但在参与开发"六边呼吸法"之后，他告诉我们，这个方法他每天都会用好几次，在它的帮助下，他很好地管理了黄色和蓝色区的感受。

第11课附加学习活动

我的安慰书

让学生将使他们感觉平静、给他们带来安慰的图片制作成书。要求学生从家带一些照片过来，也帮助他们从杂志和网络上找一些图像。这些照片和图像会让他们感觉放松和平静，内容可以是人物、最爱的物品、喜欢的活动、宁静的景色或其他任何他们觉得对他们有帮助的事物。将一大张绿色卡纸折叠并裁成八份，再用订书机装订成册。让学生在封面写上书名和作者名（他们的名字）。如果学生能够完成这一步骤，那就再让他们给每张图片配上文字说明，解释其中哪一点让他/她感到平静。根据学生挑选的照片和图像，评估他们对具有冷静作用的图像的识别能力。然后，将恰当的图片粘贴到卡纸上。学生可以将安慰书加入到他们的工具箱之中。

材料 19

六边呼吸法

屏住

吸气

呼气

呼气

吸气

屏住

  一边呼吸，一边用手指勾画六边形轮廓：从黄色五角星处开始，深吸一口气，让空气逐渐充满身体，感觉肩膀上提，与此同时，你的手指也勾画完第一条边；屏住呼吸，同时移动手指勾画第二条边；缓缓呼出气体，同时勾画第三条边；以同样的方法，继续完成一次深呼吸并勾完六边形下半部分的三条边。反复使用六边呼吸法，直到你感觉平静和放松。

©2011 Think Social Publishing, Inc. All rights reserved.
From *The Zones of Regulation*™ by Leah M. Kuypers · Available at www.socialthinking.com

懒 8 字呼吸法

吸气

呼气

从黄色五角星处开始，用手指向左勾写懒 8 字，同时深吸一口气。
当勾写到懒 8 字右半边时，缓缓呼出气体。
继续绕着懒 8 字形呼吸，直到你的身体和头脑都平静下来。

我的平静序列图

活动：试试这套平静序列动作。你感觉好吗，有没有变得更平静？如果觉得它不好用，你可以改一，让它变得好用吗？

这个平静序列是这样的：紧握双拳；闭上双眼，按摩头部；再按摩双腿。如此重复五次，让你的压得到缓解。

Buron, Manns, Schultz & Thomas, 2004, From *When My Worries Get Too Big!* K. D. Buron, 2006. Swawnee Mission, KS: AAPC, Reprinted with permission.

©2011 Think Social Publishing, Inc. All rights reserved.
From *The Zones of Regulation*™ by Leah M. Kuypers · Available at www.socialthinking.com

第 12 课　探索思维策略工具

活动目标

"问题的大小"

- 学生能举例说明大、中、小问题
- 学生学会分析某个场景并理性判断问题的大小
- 学生认识到他们的反应大小应该与问题的大小相匹配
- 学生理解使用"问题的大小"策略对他们调节情绪四色区有何帮助

"内在教练"vs"内在批评师"

- 学生能举出积极和消极自我对话的例子
- 学生能觉察到自己正在使用消极的自我对话
- 学生在遇到使他们状态失调的情况时能进行积极的自我对话
- 学生理解使用"内在教练"对他们调节情绪四色区有何帮助

"弹力超人"vs"石头脑"

- 学生能辨别刻板("石头脑")思维和灵活("弹力超人")思维的差异
- 学生能分别举一个他们使用石头脑思维和弹力超人思维的例子
- 学生认识到改变思维方式有助于调节他们的四色区

概述

本课的学习活动涉及三个可用于自我调节的有效的思维策略:问题的大小,内在教练和内在批评师,弹力超人思维及石头脑思维。

在"问题的大小"活动中,学生将通过直观的量表来评估问题的大小,然后分析他们对这些问题的情绪反应,看看有些反应与实际问题的严重程度如何不成比例。该活动的目的是让学生学会有关问题大小的基本词汇、认识问题大小与场景中人们经历与期待的情绪水平之间的关系。"问题的大小"是米歇尔·加西亚·温纳推出的一个策略,也是社交思维课程的一个教学内容。经授权,本课活动采用了《这样思考才会社交！》（见"资源推荐"）和《弹力超人社交思维课程》的内容并做了适当的修改。

通过讨论和作业单的填写，"内在教练和内在批评师"活动将带学生探索自我对话的概念，教他们如何用更积极、更具适应性的想法代替消极的想法以促进自我调节。自我对话是执行功能的一种，存在调节困难的学生在这一方面往往也受到影响——要么觉察不到内在声音的存在，要么自我对话中充斥着消极、自我挫败的话语。

在"弹力超人和石头脑"活动中，学生将通过动手操作和讨论，探索灵活思维和刻板思维的概念。灵活思维是一种执行功能，如果学生在这一方面发展不足，就容易卡在某个想法或某种做事方式之中。刻板思维往往会让学生状态失衡，陷入黄色或红色区中。

这三个策略不建议一次性教完。最好将它分成三个独立的学习活动，分多天完成。甚至为了巩固学生对概念的理解，每一个活动也可能需要分次完成。

问题的大小 思维策略活动[①]

材　料

"问题的大小"活动
- 学生每人一份"问题的大小作业单"（材料22）
- 复印"问题的大小"示意图（材料23），用于张贴及分享给学生团队的其他成员
- 学生的"四色区工具作业单"

准备

- 学生每人一份"问题的大小作业单"。
- 在白板上画一个5级量表（数字1—5，5在最上面）。在4和5旁边写"人们认为是大问题"，在3旁边写"人们认为是中问题"，在2和1旁边写"人们认为是小问题"。
- 将教学计划写在白板上：
  1. 导入

[①] 原注：经授权改编自温纳《这样思考才会社交！》，第44-46页，www.socialthinking.com。

2. 问题的大小

3. 总结

导入

向学生解释，在他们参加集体活动，比如，完成小组作业或和大家一起玩耍时，他们可能会为我们所说的"小问题或小差错"而生气。有时是因为别人得到了他们想得的东西（比如某个颜色的游戏零件、某个研究主题或可以第一个玩游戏），有时是因为其他人没有如他们希望的那样做事。我们要给学生介绍这样一个概念：有些问题确实是大问题，但有些问题却很小，完全可以忽略。不同大小的问题需要用不同的反应、情绪和解决方法来应对。告诉学生，他们马上要对各种问题进行头脑风暴并讨论每个问题的大小。

活动

> **重要词汇**
>
> **问题有多大？**
>
> 这是一个大问题还是小问题？（这个提问可以用来帮助学生判断正在经历的问题是否严重）
>
> **大问题**
>
> 牵涉很多人、一时之间很难找到令人满意的解决方案的问题。
>
> **中问题**
>
> 牵涉一些人、可以在一小时到几天之内解决的问题。
>
> **小问题**
>
> 只影响一两个人、可以被忽略或在几分钟内解决的问题。

1. 向学生解释，他们可以借助"问题的大小"策略来分辨什么是重要的事。用手势来表示问题的大小：用两手比出不同的距离，分别表示大、中、小问题。

2. 明确是什么决定了问题的大小。我们遇到的最大的问题可能是涉及很多人的问题，也可能是一时之间很难找到令人满意的解决方案的问题。讨论不同的问题水平关联怎样的情绪：大问题与红色区情绪感受相关，中问题与黄色区情绪感受相关，小问题与绿色区情绪感受相关且几乎不需要做出反应。

3. 讨论从长远来看不同问题水平的不同影响。用清晰易懂的例子加以说明，比如，龙卷风的影响会持续好几年（大问题），争吵会让人连续生好几个小时的气，身体也会不舒服（这样的情况属于中问题）。至于小问题或小差错，比如游戏开始前没拿到心仪颜色的棋子，游戏一结束，甚至刚进入游戏，情绪就快速消失了。

4. 让学生进行头脑风暴，一起想出各种不同的问题，讨论每个问题对应量表的哪个水平。5级水平可以包括大地震、重伤、家人去世等，4级水平可以包括车祸、父母住院，3级水平可以包括跟兄弟姐妹大打一架、被留堂、被暂时停学，2级水平可以包括被别人擅自拿走自己的东西、没有考到理想的成绩，1级水平可以包括没有坐到心仪颜色的垫子、玩游戏时轮到最后一个或犯了一个小错。

5. 在判断问题大小时，给学生每人一份"问题的大小作业单"，方便他们抄写白板上大家集体想出来的问题。另一种做法是全班同学一起完成一份"问题的大小作业单"，然后复印给每一个人。

6. 讨论学生可以怎样判断问题的大小以及他们的颜色区是否与之相匹配。如果是小问题而他们的反应却很大、表现出红色区的情绪感受，那么他们可能需要做出调节以使行为符合大家的期待。

7. 使用"四色区工具作业单"，让学生说一说当他们在哪个或哪些颜色区时可以通过考虑"问题的大小"来进行自我调节。

总结

和学生讨论他们的情绪感受。

- 当你因为一个小问题或小差错而产生红色区的情绪感受时，会出现什么情况？比如，你做错了一道题，于是特别生气，进了红色区，你把作业纸撕烂，还气冲冲地走开了。
- 如果把"问题的大小"作为工具来用，事情的结果会有什么不同（很快复原，而不是耽误事情、无法完成作业）？

目标是慢慢让学生理解，他们的情绪反应会让他们不能准时完成任务、玩不了他们一气之下丢开的游戏（根据学生的实际情况举出最恰当的例子）。让学生将"问题的大小作业单"和"四色区工具作业单"一并收入四色区文件夹中。

老师须知

在举例子时,注意切合学生的实际需要。有些学生很难理解社会问题属于大问题,因为这些问题不直接影响他们(比如,别国发生的地震)。如果学生不能对全球性或社会性问题产生共情,那么建议你找一些对学生有意义、跟他们日常生活息息相关的例子。

泛化学习的方法

- 复印"问题的大小"示意图并贴到学生看得见的地方;跟与学生接触较多的人分享示意图和相关词汇。
- 本次活动将让学生掌握关于问题大小的基本词汇,理解问题的大小与场景中人们体验和期待的情绪水平有怎样的联系。后续再出现问题时,随时使用这一套词汇,深化他们对这一工具的理解和运用。如果学生声称正在经历大问题,但事实并非如此,那么你可以进一步发问,比如:"你需要去医院吗?""需要我打110吗?""你觉得我们需要多少人来解决这个问题?"

材料 22

问题的大小作业单
大问题和小问题

人们认为这些是 大问题	**5**	
	4	
人们认为这些是 中问题	**3**	
	2	
人们认为这些是 小问题	**1**	

Adapted for *The Zones of Regulation*™ from the original work of Winner's *Think Social* (2005), pages 44-46, www.socialthinking.com and Buron and Curtis' *The Incredible 5-Point Scale* (2003).

©2011 Think Social Publishing, Inc. All rights reserved.
From *The Zones of Regulation*™ by Leah M. Kuypers • Available at www.socialthinking.com

材料 23

问题的大小

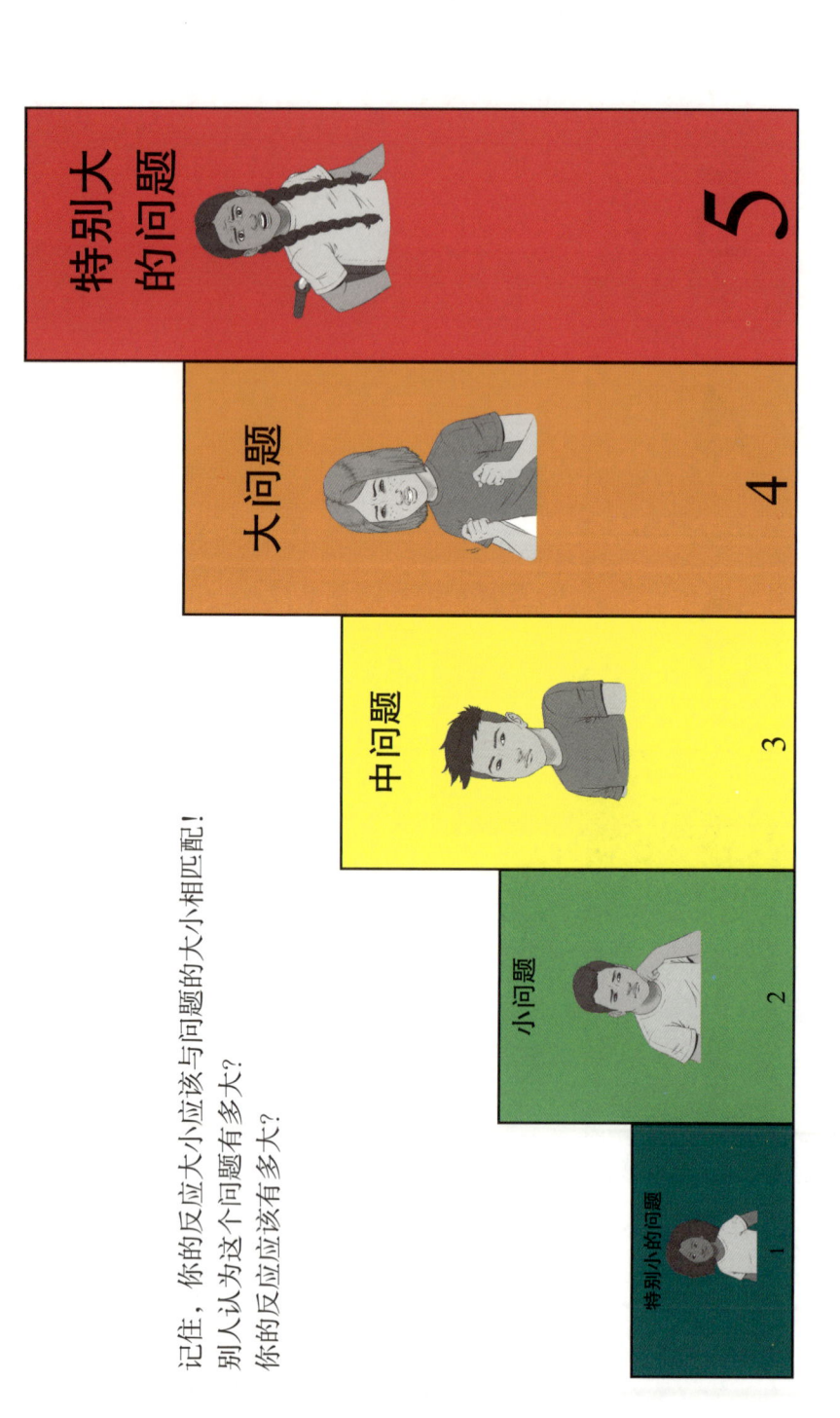

记住，你的反应大小应该与问题的大小相匹配！
别人认为这个问题有多大？
你的反应该有多大？

| 特别小的问题 | 小问题 | 中问题 | 大问题 | 特别大的问题 |
| 1 | 2 | 3 | 4 | 5 |

Visual adapted by Leah Kuypers, Donna Brittain and Jill Kuzma for *The Zones of Regulation*™ from the original work of Winner's *Think Social!* (2005), pages 44-45, www.socialthinking.com, and Buron and Curtis' *The Incredible 5-Point Scale* (2003), www.5pointscale.com

©2011 Think Social Publishing, Inc. All rights reserved.

内在教练 vs 内在批评师 思维策略活动 >>

材　料

- 学生每人一套"内在教练"和"内在批评师"作业单（材料24、材料25）
- 学生的"四色区工具作业单"

准备

- 给学生每人一份"内在教练"和"内在批评师"作业单。
- 将教学计划写到白板上：
  1. 导入
  2. 内在教练和内在批评师
  3. 完成作业单
  4. 总结

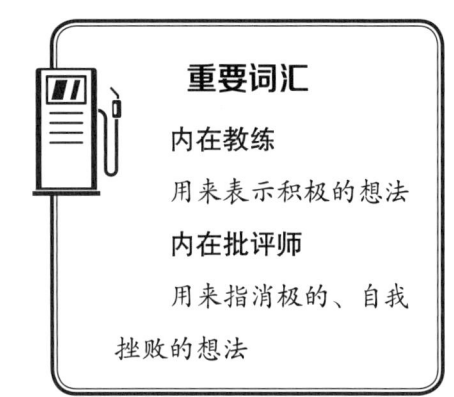

> **重要词汇**
>
> **内在教练**
> 用来表示积极的想法
>
> **内在批评师**
> 用来指消极的、自我挫败的想法

老师须知

如果你想用其他词汇来表示积极或消极的想法，比如"自我鼓励者""自我打击者"，没关系，只要你觉得它们更加适合你的学生，把"内在教练""内在批评师"换掉就可以。

导入

1. 告诉学生，每个人都会使用自我对话。让他们想一想，如果他们把手伸向发烫的烤箱，他们会对自己说些什么。一般大家会回答"烫""注意""拿隔热垫"。跟他们解释,这些都是他们在头脑里想的东西,不一定会说出来,所以我们称之为"自我对话"。

2. 说明本次学习活动的目标以及他们将做些什么。告诉他们,自我对话有时是比较消极的,可以称之为"内在批评师";在本次活动中,他们将学习用更加积极的自我对话来代替它们,这种积极的自我对话可以称为"内在教练"。

活动

1. 将整套作业单发给学生。学生将首先使用"内在教练"作业单。你可以这样解释积极的自我对话:我们都有一个"内在教练",它会给我们加油打气,帮助我们克服各种困难。大家一起头脑风暴,看看他们的内在教练都会跟他们说些什么。让学生填写"内在教练"作业单。

2. 再向学生解释,除了"内在教练",我们还有一个"内在批评师",它会把消极想法装进我们的头脑,比如"这事你做不了,试都不用试"。大家一起头脑风暴,看看他们的内在批评师都会跟他们说些什么。让学生填写"内在批评师"作业单。

3. 阐述一点,我们的大脑掌握着最终的控制权,决定着我们到底听哪个、让哪个行使权力。

4. 使用"四色区工具作业单",让学生说一说他们觉得"内在教练"有助于他们调节哪个或哪些颜色区。

对于年龄较小的学生(或针对小学生和不太成熟的初中生的活动补充)

- 不需要完成作业单(或对于小学生和初中生,则除了完成作业单之外),让他们画出他们的"内在教练"和"内在批评师",再分别取一个恰当的名字,以帮助他们更好地思考自我对话的概念。帮助学生采用漫画式的话语泡泡来表示"内在教练"和"内在批评师"的话,让他们更深切地认识"内在批评师"和"内在教练"对他们的影响。

总结

通过提问,评估学生对学习内容的理解:

- 把"内在教练"当工具来用对你有哪些帮助?
- 想想上周的哪个时候你可以用"内在教练"来帮助你?如果当时你使用了"内在

教练", 它会改变周围人对你的想法吗? 如果会, 会有怎样的改变?

让学生将"内在教练"和"内在批评师"作业单及"四色区工具作业单"收入四色区文件夹。

泛化学习的方法

- 当你发现学生有机会使用"内在教练"帮助他们的时候, 问问他们, 在这种情况下"内在教练"会对他们说些什么。当你听到学生正在说消极的、自我挫败的话时, 温和地指出: 他 / 她好像给了"内在批评师"太多的权力; 提醒学生想一想他 / 她的"内在教练"。
- 将作业单和相关词汇分享给家长及与学生有密切接触的人, 鼓励他们也多提醒学生想想他们的"内在教练"。

材料 24 "内在教练"作业单

_____的"内在教练"   我能行！

"内在教练"帮助我们使用积极的自我对话，让我们有勇气和力量去应对压力和挑战。

当遇到以下困难时，我可能需要"内在教练"的帮助：

_____

_____

_____

_____

"内在教练"会提醒我使用策略保持冷静。

为了帮助我管理好四色区，我的"内在教练"会这样提醒我：

_____

_____

_____

_____

"内在教练"还会帮助我保持积极的想法，让我获得成功。

我的"内在教练"可能会这样对我说：

_____

_____

_____

_____

材料 25 "内在批评师"作业单

＿＿＿＿＿＿＿的"内在批评师"

> 我不行！

"内在批评师"会使用消极的自我对话，这些话对我们毫无帮助。它会把挫败性想法放进我的头脑里。

在这些时候，我会受"内在批评师"的影响：

_____

_____

_____

_____

"内在批评师"帮助不了我，只会让情况更加糟糕。

我的"内在批评师"可能会这样对我说：

_____

_____

_____

_____

听"内在教练"的，还是听"内在批评师"的，我说了算。

我可以用我的"内在教练"打败我的"内在批评师"，我可以这样跟它说：

_____

_____

_____

_____

©2011 Think Social Publishing, Inc. All rights reserved.
From *The Zones of Regulation*™ by Leah M. Kuypers · Available at www.socialthinking.com

弹力超人和石头脑思维策略活动①

材　料

- 海绵或泡沫块（床垫商店或工厂常有免费赠送的泡沫小块）
- 强力胶带
- 魔术记号笔
- 学生的"四色区工具作业单"
- 漫画《弹力超人大战石头脑和不可思议队：新的开始》（*Superflex Takes on Rock Brain and The Team of Unthinkables: A New Beginning comic book*）（可选）
- 《弹力超人社交思维课程》（可选）

概述

"弹力超人"系列课程对小学阶段的学生最为适用。当然，它也适用于能够理解更高水平思维概念的学前儿童和不太成熟的初中生。而年龄更大些的学生则可以跳过这套卡通词汇，直接讨论灵活思维和刻板思维模式。

《弹力超人社交思维课程》是由斯蒂芬妮·马德里加尔和米歇尔·加西亚·温纳设计的一套课程（见"资源推荐"）。借助其中的概念，小学阶段的学生很容易理解和应对认知不灵活的问题。本次活动将带学生初步接触"弹力超人"，学习如何将它用作调节情绪四色区的一个工具，解决认知不灵活的问题并协助进行自我调节。在本次活动之

> **重要词汇**
>
> **"弹力超人"思维**
>
> 一种灵活的思维模式。在这种模式下，人们能考虑不同的观点或做事方式。
>
> **"石头脑"思维**
>
> 一种刻板的思维模式。在这种模式下，人们会卡在某种想法中无法自拔，很难考虑其他选项或做事方式。

---

① 原注：经授权改编自马德里加尔和温纳的《弹力超人社交思维课程》（2008），第 20-37 页，www.socialthinking.com。

外，有机会的话，建议你将整套"弹力超人"课程介绍给学生，因为它是帮助学生理解社交思维概念、进一步探索自我调节的一个极有价值的工具。

弹力超人课程建立在这样一个观念的基础之上：我们每个人心里都住着一个"弹力超人"。"弹力超人"一直在努力抵御"不可思议队"对我们大脑的侵袭，防止我们做出非期待的行为。"不可思议队"包括多个卡通角色，每个角色都可以帮助学生识别某种非期待的社交行为："玻璃侠"让我们暴躁易怒，"刻薄的基恩"让我们说一些不尊重他人的话，"能量哈利"让我们能量过剩，"食脑徒"让我们分心、无法认真思考问题……在学生认识"不可思议队"的过程中，你可以让他们进行分类：这些队员分别会让他们进入哪个颜色区里。通过学习，学生将认识到自己的"不可思议队"中有哪些成员，并通过使用他们的"弹力超人"思维找到打败它们的策略。

准备

- 查看"弹力超人"和"石头脑"插图（见图10、图11，图片均经 Social Thinking 出版公司授权转载）。
  * 用魔术马克笔在海绵或泡沫块上画一个"弹力超人"。
  * 把强力胶带揉成像石头那样硬邦邦的一团，在上面画一个"石头脑"。
- 将教学计划写到白板上：
  1. 导入
  2. "弹力超人"活动
  3. 总结

图 10　弹力超人　　　　　图 11　石头脑

导入

告诉学生，他们将学习识别各种僵化的思维方式。这样，他们就更容易发现自己的头脑被某个想法卡住，有可能会出现黄色、蓝色或红色区感受的情况。"石头脑"总是企图侵入我们的大脑，让我们卡在某个想法或某种做事方式上不能自拔，也考虑不到其他人。在这种情况下，我们很快就会进入失调失控的状态。

活动

1. 向学生解释，我们每个人心里都住着一个假想的超级英雄"弹力超人"。使用你制作的泡沫弹力超人，展示这个超人是多么灵活有弹性（如果使用的是海绵，可以提前蘸湿，避免发硬）。允许学生轮流感受这种弹性。与此同时，向他们解释，他们的大脑差不多也是这样灵活而有弹性。当我们"改变主意"或考虑多个选项时，我们的大脑就是灵活的、有弹性的。

2. 使用用强力胶带制作的"石头脑"，给学生介绍"石头脑"的概念。"石头脑"总是试图侵入我们的大脑，让大脑卡在某个想法或某种做事方式上。让学生轮流感受"石头脑"，同时问他们是否能让它弯曲或活动。接着再让他们想想，如果他们有一个"石头脑"，会发生什么？他们会因此而进入哪一个颜色区？

3. 表演"石头脑"是怎样试图制服"弹力超人"的（用"石头脑"压扁"弹力超人"），但"弹力超人"更为强大，总是能恢复原状并打败"石头脑"（松开手，让"弹力超人"再次膨胀）。告诉学生，想想"弹力超人"，他们就能改变思维方式，去考虑其他不同的选项并打败"石头脑"，从而顺利调节他们的颜色区。和学生一起进行头脑风暴，想想在哪些情况下使用"弹力超人"思维对他们会有所帮助。

4. 一旦学生理解了"弹力超人"思维和"石头脑"思维的概念，向他们说明，这又是一个可以帮助他们改变四色区的工具。

5. 让学生判断"弹力超人"思维可以帮助他们调节哪个颜色区的状态，并在"四色区工具作业单"上圈出来。

总结

通过提出以下问题，评估学生对概念的理解：

- 你在什么时候用过"石头脑"的思维方式?
- 描述一下当时的情况,说一说它对其他人的影响。
- 如果你当时使用的是"弹力超人"的思维方式,你觉得情况会怎样?
- 别人对你的想法和感受会因此而发生怎样的变化?
- 使用"弹力超人"思维会怎样影响你的颜色区?

让学生将他们的"四色区工具作业单"和"弹力超人"思维相关材料收入四色区文件夹中。

泛化学习的方法

- 一旦学生理解了"弹力超人"思维和"石头脑"思维,每当你看到他们使用"弹力超人"思维调节自己时,可以及时指出来。当你发现"石头脑"思维可能在影响他们的颜色区时,也可以告诉他们。让他们召唤"弹力超人",运用灵活思维打败"石头脑",通过使用工具重获控制感。考虑到学生的敏感性,最好等他们恢复平静后再来做这个练习。
- 和学生的养育者分享这两个概念和词汇,让学生在家庭和社区中也能经常接触到它们。

检验学习效果的方法

对于本章的这几个活动，你可以通过以下方式，评估学生的任务完成情况和对课程内容的理解程度：

- 评估学生在工具引入和后续练习过程中的参与程度。可通过你的随机观察，来进行主观的评量。
- 观察学生对某个工具有助于调节哪个颜色区的判断与你掌握的情况是否一致。这也是一种主观的评量，方法是观察学生练习使用工具之后填写"四色区工具作业单"的情况，也可以通过与学生对话来实现。

第五章
接近终点线

....

学习什么时候使用工具

在本章各课中，学生将学习如何将第四章所学工具付诸实践以改变他们的警觉状态、调节他们的情绪。通过学习，学生将明白他们有能力调节自己，能成功实现他们的目标、满足周围人的期待并获得自身的安适感。

本章目标

到本章结束时，学生将学会：
- 使用工具进行自我调节（第13、14、15、16、17、18课）
- 判断什么时候需要使用工具进行调节（第14、15课）
- 给遇到的问题找到满意的解决方案（第15、16、17课）
- 理解使用工具进行调节对他们有哪些积极影响（第14、15、16、17、18课）

在本章课程中，学生需要考虑以下重要问题：
- 学会调节他们的身体和情绪对他们在家和在学校的成功有怎样的影响？
- 理解他们的情绪对找到控制行为的策略有何帮助？
- 使用策略进行调节可以如何影响周围人的想法和感受？

第13课　工具箱

活动目标

学生理解他们可以运用不同策略改变颜色区并实现自我调节

材　　料

年龄较小的学生

- 学生每人一份"四色区工具菜单"（材料27）
- 每个学生的"四色区工具作业单"
- "各颜色区可用工具"作业单（材料28）和/或学生的"四色区中的我"册子（第6课）

年龄较大的学生

- 学生每人一份"工具箱"作业单（材料26）
- 每个学生的"四色区工具作业单"

概述

在本次活动中，学生将把在前一章探索过的工具整理到一个视觉化的"工具箱"作业单中。这样，他们每个人都会有一份属于自己的视觉材料，以便参考和展示。

准备

- 如果学生的年龄较小，帮他们将"四色区工具菜单"中的图片剪开。
- 准备好学生的作业单。
- 将教学计划写到白板上：
  1. 导入
  2. 创建工具箱
  3. 总结

导入

1. 通过提问，引发学生的兴趣：

- 你会用工具箱做什么？
- 你会用里面的工具做什么？
- 为什么工具箱里必须有各种不同的工具？

2. 引入工具箱概念，揭示它与四色区及自我调节的关系：

> 一会儿，你们会往自己的工具箱里放入不同的"工具"，这些工具可以用来解决问题，帮助调节你的颜色区。它们中有些会让蓝色区的你变得清醒或感觉舒适，有些会给红色或黄色区的你带来平静或让你更好地控制情绪，还有些能让你保持良好的感觉，它们会成为你的绿色区工具。你觉得我们为什么需要一个装满策略的工具箱呢？

活动（不同年龄组）

一旦学生在"四色区工具作业单"中明确了每个颜色区的适用工具，他们就应该用更直观的方式呈现它们以备参照。在将工具纳入工具箱之前，学生最好已经多次练习使用过这个工具，也就是说，他们仔细体会过每个工具的冷静或警觉作用。

年龄较小的学生

1. 让学生将"四色区工具菜单"中的图片粘贴到他们觉得（结合你的建议）适用的颜色区中。他们可以将四色区工具添加到第6课完成的"四色区中的我"中，也可以将它们填入"各颜色区可用工具"作业单。"四色区工具菜单"包括了学生可能会用到的最基本的冷静和警觉工具。你还可以使用从网上下载的工具图片，让工具箱更贴合每个学生的个别化需要。

2. 将学生的工具箱展示在方便他们查看的地方，比如课桌肚里、卧室门上或他们随身携带的文件夹或笔记本里。

年龄较大的学生

1. 让学生把"四色区工具作业单"中所有蓝色区工具转入工具箱的蓝色区部分。再依次转移绿色、黄色和红色区工具。鼓励学生将他们觉得有用的其他工具添加到工具箱中。

2. 让学生想一想将"工具箱"展示在哪里对他们比较有帮助（比如，他们的储物柜门上或记事本封面内里）。

老师须知

如果学生的意识或认知水平还不足以完成工具分类，那么你可以帮他们选出适用的工具加入工具箱。工具箱里的视觉材料可以用作学生的选择板，当他们处在不同的颜色区时给他们提示相应的工具以助调节。

本课的适应性调整

如果学生书写困难，可能需要你代写文字。有些存在认知障碍的学生可能无法理解"工具箱"概念，但我们仍有必要教他们学习冷静策略，也有必要建立一个视觉系统，让他们在处于失调状态时能够按部就班，遵照执行。在完成"各颜色区可用工具"作业时，可以不使用配套材料中的图片，而是使用学生常用工具的照片（比如，学生可去的"冷静角"的照片，或学生可用的感觉支持工具，如蹦床的照片），或学生正在运用冷静工具的照片（比如，学生做瑜伽时的照片）。在粘贴照片时，如果有学生讨厌手粘上胶水，那么最好由你代为粘贴。此外，你可能会发现有必要给某些学生代写文字，或者说这样做更为方便。

总结

向学生解释，面对不同的问题和情况需要用到不同的工具，这就是为什么他们需要一个工具箱，而且这个工具箱里要装满各种各样的工具。告诉他们，有时我们可能会选错工具，但没关系，我们可以继续尝试不同的工具，直到找到好用的工具。

引导班级讨论，借机评估学生对学习内容的理解：

- 为什么我们需要使用今天讨论的这些工具？
- 说一说你会怎样使用工具箱中的某一个黄色区工具？
- 使用你的工具调节颜色区和对颜色区放任不管，这两者分别会给别人怎样的印象？

提醒他们，越多使用工具，就有越多时间处于协调自控的状态。这样他们更容易与他人友好相处、有良好的在校表现。让学生将"工具箱"作业单收入四色区文件夹中，并提醒他们在需要时可以查看工具箱。

泛化学习的方法

- 将学生的工具箱展示在他们容易看到的地方。
- 复印学生的个人工具箱材料，让学生带回家和家人分享，也便于在家时参考。同时将"工具箱"副本分发给与学生有密切接触的其他人员。
- 如果学生的课桌上有"四色区翻翻书"，那么可以将每个颜色区的工具粘贴到相应的颜色区里以便参考。

材料 26 "工具箱"作业单

＿＿＿＿＿＿的工具箱

红色区工具

黄色区工具

绿色区工具

蓝色区工具

©2011 Think Social Publishing, Inc. All rights reserved.

材料 27　四色区工具菜单——第 1 页

四色区工具菜单

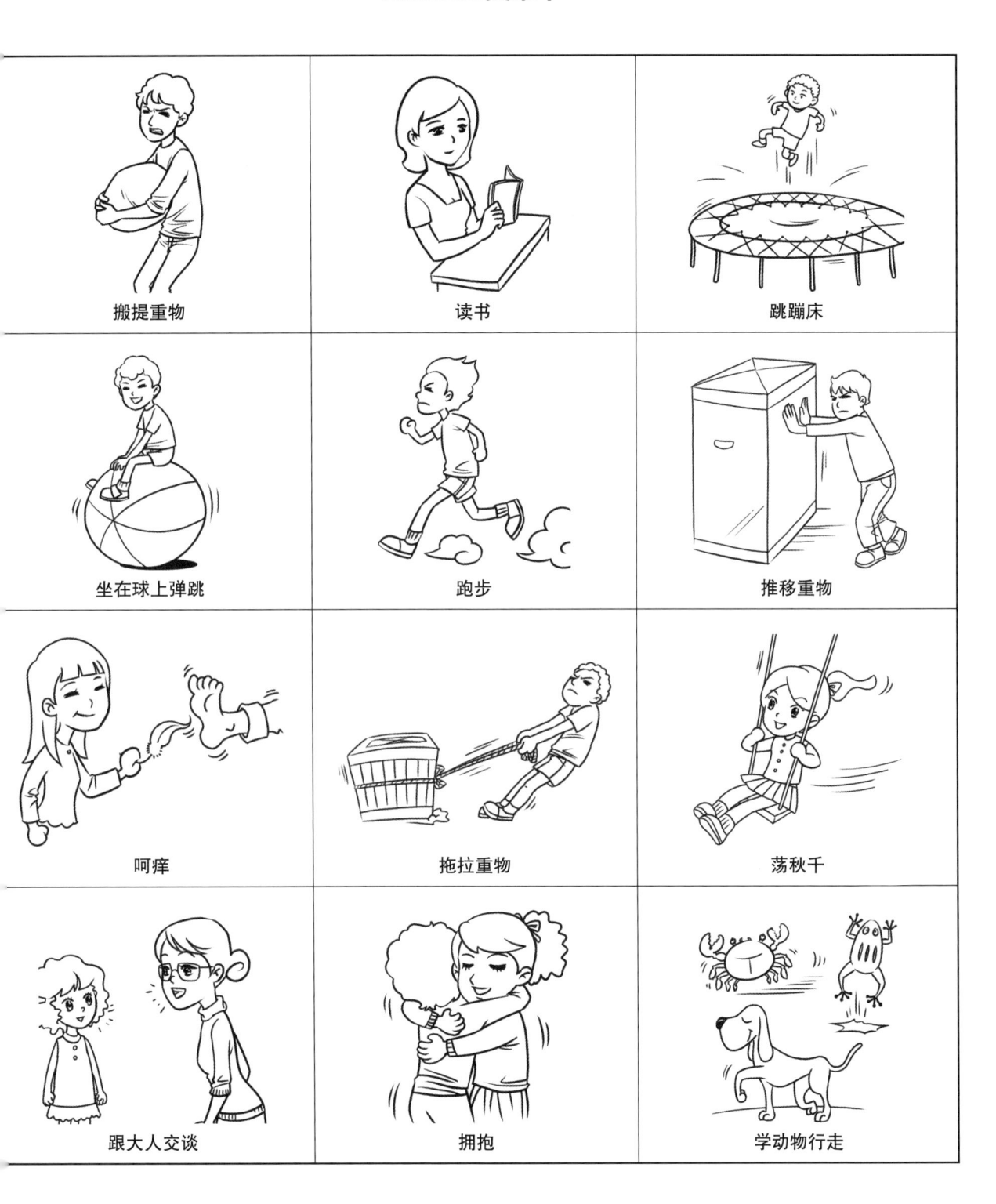

搬提重物	读书	跳蹦床
坐在球上弹跳	跑步	推移重物
呵痒	拖拉重物	荡秋千
跟大人交谈	拥抱	学动物行走

©2011 Think Social Publishing, Inc. All rights reserved.
From *The Zones of Regulation*^TM by Leah M. Kuypers · Available at www.socialthinking.com

材料 27　四色区工具菜单——第 2 页

四色区工具菜单

听音乐	使用压力枕	散步
开合跳	按摩肩膀	腹式呼吸
内在教练	休息一下	懒 8 字呼吸法
玩解压球	问题的大小	六边呼吸法

©2011 Think Social Publishing, Inc. All rights reserved.
From *The Zones of Regulation*™ by Leah M. Kuypers · Available at www.socialthinking.com

名：_____　　　　　　　　　　　　　　　　　　　　　材料 28

各颜色区可用工具

我有以下感觉时，我可以尝试的工具：

疲倦或难过	
平静或快乐	
懊恼或迷糊	
愤怒或失控	

Adapted for *The Zones of Regulation*™ from the original work of Buron and Curtis' *The Incredible 5-Point Scale* (2003), www.5pointscale.com.

第 14 课　什么时候使用黄色区工具

活动目标

- 学生回顾他们在黄色区时的样子
- 学生认识到什么时候需要自我调节以及需要用到哪一类工具
- 学生理解他们越擅长自我调节，就越容易在社交和学业方面取得成功

材　料

- 学生每人一份"什么时候使用我的黄色区工具"作业单（材料 29）
- 学生每人一支中性笔或铅笔
- 角色扮演脚本
- 四色区颜色的干擦记号笔或粉笔

概述

在本次活动中，学生将参与角色扮演并完成关于什么时候该使用黄色区工具的作业单。学生必须能够觉察他们正在失控的一些早期迹象（比如脸红、咬紧牙关等）。这样他们才能及时做出调节，以免被更强烈的情绪所裹挟。对我们许多人来说，在大脑意识到高亢的情绪状态之前，身体早就显露各种迹象了。因此，学生有必要时时留心监控自己在黄色区时的样子，以便及时发现情况并停下来使用工具进行调节。养育者和老师常说学生是从绿色区直达红色区的。但是，如果学生能提前知晓黄色区会有哪些情况，他们更有可能发现问题及时"刹车"而不至于进入红色区。一旦进入红色区，再用工具来调节就比较困难了。

准备

- 学生每人一份"什么时候使用我的黄色区工具"作业单。在白板上复制一份作业单（除去"停"字标志）。

- 将教学计划写到白板上：

  1. 导入
  2. "什么时候使用我的黄色区工具"作业单
  3. 角色扮演
  4. 总结

导入

1. 告知学生本课的目标。在你讲解白板上的作业单时，让学生对照他们手头上的作业单。假设作业单上的曲线表示他们当天的四色区情况。讲到红色区和黄色区时，问问学生，他们可以在这两个区使用哪一种工具（冷静工具还是警觉工具）。然后，指着蓝色区重复相同的问题，确保学生理解这两类工具的差别：在黄色或红色区通常使用冷静工具让自己平静下来，在蓝色区则需要使用警觉工具来提高警觉度。

2. 指向红色区曲线的最高点，问问学生，这里是不是他们应该**开始**尝试使用工具的地方。带着疑惑的表情，指向黄色区的起点，重复刚才的问题。向他们解释，不要等到达红色区曲线峰顶时才开始使用工具。强调只要他们一感觉到自己正在进入黄色区，就应该停下来使用工具。在白板上黄色区的起点处画一个"停"字标志。

3. 假设一个场景，其中的学生一进入黄色区就使用了黄色区工具。请学生举手上来修改白板上的图表（曲线平稳保持在黄色区，也可能回落到绿色区）。让其他学生也在各自的作业单上做出修改。

4. 通过提问，引导学生展开讨论：

- 如果这位同学一进入黄色区就使用工具进行调节，他/她的一天会有什么不同？

在学生讨论问题答案时，观察他们对调节这一概念的理解程度。强调他们如果能及时使用选出的黄色区工具，就能避免进入红色区。让学生填写作业单下半部分的内容，提醒自己在黄色区时会有哪些感受。你可能需要给某些学生代写文字，或者说这样做会更加方便。如果学生想不起具体的感受，跟他们一起回顾他们在"四色区中的我"中在黄色区时的图片。根据填写好的作业单评估他们的学习效果。

活动

1. 告诉学生，他们将通过角色扮演来学习处于黄色区时应该在何时以及怎样使用工具。

- 告诉学生，他们先来分角色扮演下面几个场景，也可以采用他们自己设想的场景，但这些场景的结局都不要太乐观。
- 接着，小组讨论使用黄色区工具的最佳时机，判断哪个或哪些工具有助于调节黄色区。
- 最后，再次进行角色扮演，但这次有所变化，他们将假装采用刚刚选出的黄色区工具。

> **老师须知**
>
> 根据学生小组的规模，你可能需要让学生轮流参与角色扮演，或者在第一次和第二次扮演时安排两组不同的学生。当观众的学生可以负责拍摄扮演的过程，让扮演者也能看到自己的表演并进一步思考何时使用工具、使用哪些工具。

2. 分配学生角色扮演以下场景：

- 你正在上课，是你最不擅长的科目。在老师讲课的时候，你旁边的同学不停地发出噪声。于是，你走神了。没等你反应过来，老师就逮住了你。原来你连书都没有打开。你打开了书，翻到那一页，却不知道应该看哪里。接着，老师叫你回答书上的问题。你突然发起火来，砰的一声合上书，气冲冲地离开了教室。
- 体育课上，你和同学在打篮球。你抢到球并且投进了一球，但同学指责你犯规了。你觉得自己没有犯规，就很生气，大声嚷嚷说他在胡说。等到下一轮时，正好那位同学抢到了球。于是你使劲防守，不让他进球。他朝你猛攻，把你撞倒在地。你起身将他推到……然后，你们两个一起进了校长办公室。
- 今天是周五。你很兴奋，因为放学后你会去同学家玩，还会在那里过夜。随着时间过去，你开始变得迷糊起来，无法集中注意力。到了阅读课上，你不好好看书，开始和旁边的同学聊天。老师让你看书，但你看不进去。你站起来削铅笔，老师让你回座位看书。你开始看书，但看完一整页都不知道自己看了些什么。你看了一遍又一遍，但还是无法集中注意力。老师让全班同学看习题并根据刚才读到的内容答题。你向同学求助，但他根本不理你。老师开始收作业了，你发现自己什么都没完成。

- 几位同学邀你一起玩游戏。游戏时会用到四种颜色的棋子，你惦记红色的棋子。不凑巧，另一位同学先拿到了红色。你开始觉得恼火，因为红色是你最喜欢的颜色，而且你总是能拿到红色。你不假思索地喊："我要红色！"同学回答："我也是，而且是我先拿到的。"你愤怒至极，气冲冲地跑开了。
- 你和搭档一起完成一个科学作业。你很擅长科学，也完全知道应该怎样完成这个作业。但搭档也有他的主意，还跟你说个不停。你没有听，还一直跟他说你知道你在做什么，语气一次比一次强硬。你们两个都开始生对方的气，越来越气。突然，你意识到你犯错了。搭档趁机呛了你一句："早跟你说了！"你也跟他嚷开了，说要不是他在一旁唠叨个没完，你压根儿就不会出错。
- 你在搭乐高积木，用几天时间搭出了很大的一个作品。这时，弟弟走过来，他也想玩。你不想跟他玩，但妈妈说你必须带他一起玩。他试图在你的作品上继续搭建。不料，积木散开了。你很恼火，冲他大喊："就会捣乱！以后再也不让你碰我的乐高了！"

3. 通过角色扮演，评估学生是否理解了这一概念：他们应该及早使用工具，而不是消极等待以致情绪/行为越来越糟糕。

本课的适应性调整

如果角色扮演对学生来说比较困难，那么可以改为看电影片段，片段中的人物角色也存在调节方面的困难。让学生讨论这些角色应该在什么时候使用工具进行调节。

总结

将课程与学生的日常联系起来，突显课程的意义：告诉学生，在未来一周的某个时间，他们很可能需要使用工具来调节他们的颜色区。跟他们强调，如果真的遇到这样的情况，你希望他们能告诉你。就算当时他们忘了使用工具也没关系，但如果用了，那就太好了！学生一般不会预料自己会有失控的时候，因此也不会预料会有使用工具的时候。让学生积极留心使用工具的机会，而不是觉得反正不需要，然后明明有机会也说没有。通过对话，评估学生将所学内容泛化到有意义的真实生活场景的能力。让学生将"什么时候使用我的黄色区工具"作业单收入四色区文件夹中。

泛化学习的方法

一旦学生能够识别在哪些情况下可以使用工具，让他们定一个周目标：在接下来的一周认真尝试使用工具进行调节。让学生跟大家说说他们想尝试哪一个工具、他们觉得这个工具可以用到哪一种情况之中。

> **老师须知**
>
> 从在平静状态下练习使用工具，到真正在黄色或红色区时使用工具进行调节，这个过程存在巨大的个体差异。有的学生马上就能使用工具，也有的学生需要几周甚至几个月才能逐渐将工具用于实践，期间还需要不断的支持和强化。请给学生持续的鼓励和理解。你可以告诉他们，学习调节是一个持续终生的过程，即使我们大人也一直在努力提高这方面的能力。

第 14 课附加学习活动

黄色或红色区社交故事（针对低龄学生）

编一个社交故事（Gray，2010）或制作一份视觉材料（见图 12），帮助学生将四色区工具的使用泛化到不同环境之中。每天复习社交故事或视觉材料，让学生熟悉其中的内容。这些内容要切合每个学生的个别化需要，告诉学生哪些工具具有冷静或警觉作用，并描述他们在目标颜色区时可能会有的样子和感受。视觉材料可以用作对处于黄色或红色区的学生的非言语提示，帮助他们做出明智的决定；也可以是引导学生行为的路线图："当我感觉＿＿＿＿时，我需要'停'下来放松我的身体。我可以尝试＿＿＿＿。这样会让我感觉好多了。"

社交行为导图和四色区工具（针对 8 岁以上学生）

在本书第 5 课，我们简单介绍了如何通过制作社交行为导图来理解他人的观点，包括我们的行为会如何影响他人的感受、想法和反应。我们还简单提到，在填写社交行为导图时，学生的颜色区可以作为场景的一部分写入"场景"栏内。情绪四色区课程会让学生懂得，每个颜色区都是人生体验的一部分，经历所有颜色区是正常的也是常有的事。**如何学会调节各个颜色区的行为是本课程要帮助解决的问题。**学好情绪四色区课程，学生就能说出在某个场景处于某个颜色区时可以用哪些工具来帮助他们，让他们产生符合期待的行为。这正是社交行为导图中"3. 与场景、人物相适应的期待行为"需要填写的内容。而当他们在这个场景中使用这些工具的时候，他们就是在实现他们的调节目标、提高他们的执行功能。

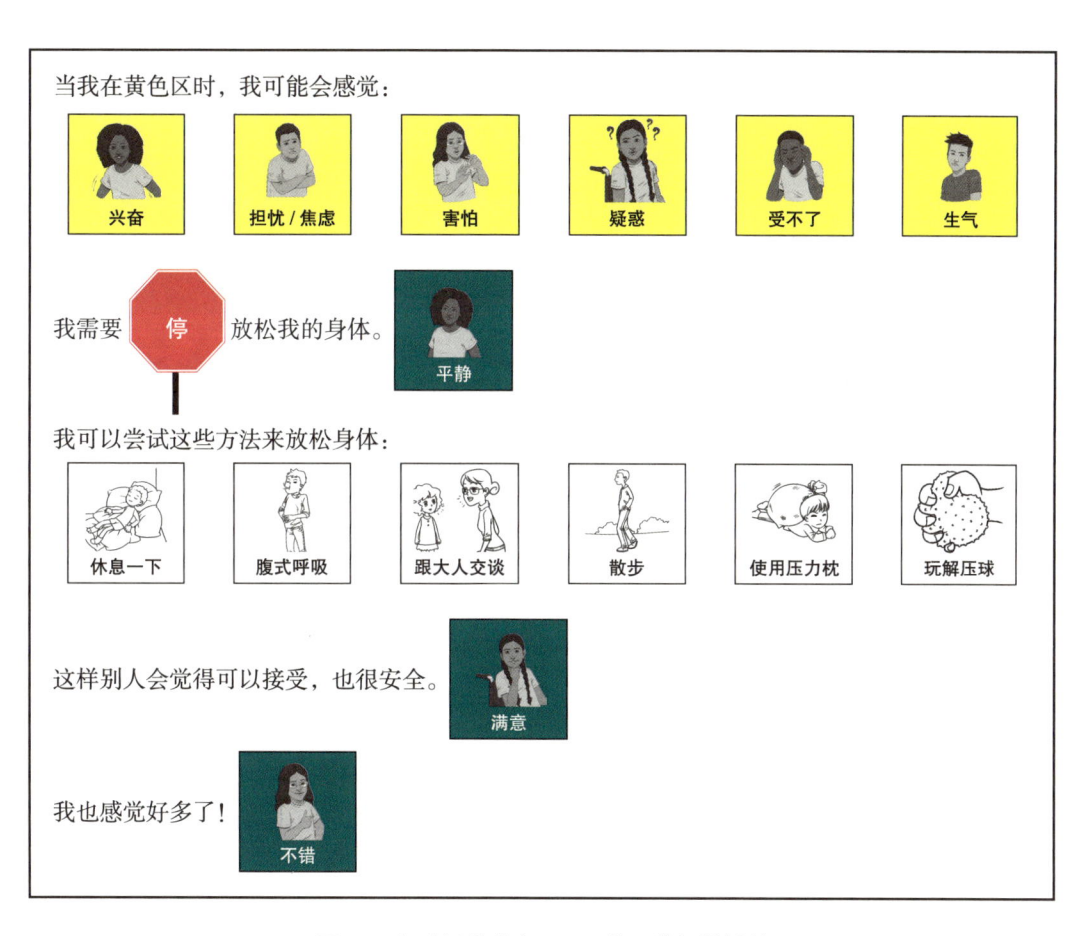

图 12　帮助泛化黄色区工具使用的视觉材料

材料 29   姓名：＿＿＿＿＿

什么时候使用我的黄色区工具

（我在这里尝试使用我的黄色区工具）

（这一天会有怎样的不同？）

我的身体感受

我在黄色区时的 ──── 样子：＿＿＿＿＿＿＿＿＿＿＿＿＿＿＿＿＿＿＿＿＿＿＿＿＿＿＿＿＿＿＿
＿＿
＿＿

感受：＿＿＿＿＿＿＿＿＿＿＿＿＿＿＿＿＿＿＿＿＿＿＿＿＿＿＿＿＿＿＿＿＿＿＿＿＿＿＿
＿＿
＿＿

行为：＿＿＿＿＿＿＿＿＿＿＿＿＿＿＿＿＿＿＿＿＿＿＿＿＿＿＿＿＿＿＿＿＿＿＿＿＿＿＿
＿＿
＿＿

Adapted for *The Zones of Regulation*™ from the original Anxiety Curve in Buron and Curtis' *The Incredible 5-Point Scale* (2003), www.5pointscale.com.

第 15 课　停下来使用工具

活动目标

- 学生能发现一天中可使用四色区工具的机会
- 学生能根据自身所处颜色区选用恰当的工具

材　料

- 学生每人一份第 8 课的"我一天里的四色区"作业单（材料 14）
- "停下来使用工具：'停'字标志"（材料 30）
- 剪刀或裁纸刀
- 胶水
- 学生每人一套四色区颜色的蜡笔、彩铅或马克笔
- 四色区颜色的干擦记号笔或粉笔

概述

在本次活动中，学生将联系自身实际情况，继续探索何时该停下来使用工具。学生将完成"我一天里的四色区"作业单并在代表某个时间点的地方贴上"停"字标志，表示这些时候他们应该停下来使用工具。同时，学生也将思考适用于这些时间点的最有效的工具是什么。通过本次活动，学生将明白，如果他们使用工具来帮助自己调节，这一天会有怎样的不同。

准备

- 学生每人一份"我一天里的四色区"作业单。
- 需要的话，准备好学生的每日时间表，以便他们填写作业单最下方一栏；也可以帮他们填好这一部分内容。

- 剪下"停"字标志；给学生每人下发作业单和若干"停"字标志。
- 将"我一天里的四色区"的空白表复印或投影到白板上。
- 将教学计划写到白板上：
  1. 导入
  2. 给"我一天里的四色区"作业单贴上"停"字标志
  3. 总结

导入

告诉学生，今天要来想办法让他们在一天里使用更多的工具。说明本课目标。问学生：

- 为什么我们有必要查找可以使用四色区工具的情况？

活动

1. 回顾第8课《我一天里的四色区》中的填表说明。让学生找出他们出现非期待行为、应该停下来使用黄色区工具的第一个地方。确认无误后，让他们将"停"字标志贴于其上。

2. 问问他们，在"停"字标志这里适合使用什么工具。再问他们，使用工具后，情况会发生怎样的变化，结果会有什么不同。

3. 让学生再看看还有哪里也可以使用工具，红色、蓝色和绿色区都可以，并告诉你他们可以尝试什么工具。评估学生能否将冷静和警觉工具与颜色区正确匹配起来。

4. 学生完成作业单后，跟他们解释，如果过去这一天里他们没有使用任何工具，没有关系，因为他们还在学习中。鼓励学生，告诉他们，大家在一起就是为了学习调节的方法，所以，他们应该相互帮助，要鼓励他人使用工具，而不是在他人使用工具时笑话他们。也让学生知道，能记得使用工具并非易事，尤其是在黄色和红色区的时候。强调你并不期望他们每次都能想起来使用工具，但你希望他们能逐渐开始使用工具，每天有更多时间处于调控良好的状态，能跟同伴和成人更加友好地相处，有更好的在校表现。

本课的适应性调整

如果学生对于使用什么工具毫无头绪，让他们查看各自的工具箱和"四色区工具菜单"。如果学生在填写图表最后一栏的时间表或粘贴"停"字标志时存在困难，可以由你代为完成。有些学生在制作图表时可能需要更多一对一的协助。

总结

通过提问，评估学生对学习目标的理解：

- 为什么我们需要知道哪个工具适用于哪种情况？
- 如果你能在那个应该停下来的地方停下并使用工具，这一天会有什么变化？

泛化学习的方法

- 和学生的养育者及与学生有密切接触的人员分享学生的图表，方便大家一起帮助学生理解什么时候可以使用工具。
- 继续让学生用图表来记录他们每天的四色区情况。在图上突出显示他们使用了工具的地方（可以在该处贴个五角星或贴纸，表示使用了工具）。和学生一起，比较他们使用工具前的图表和后来能比较熟练地使用工具进行调节后的图表，看看有哪些相似和不同之处。

材料 30

停下来使用工具："停"字标志

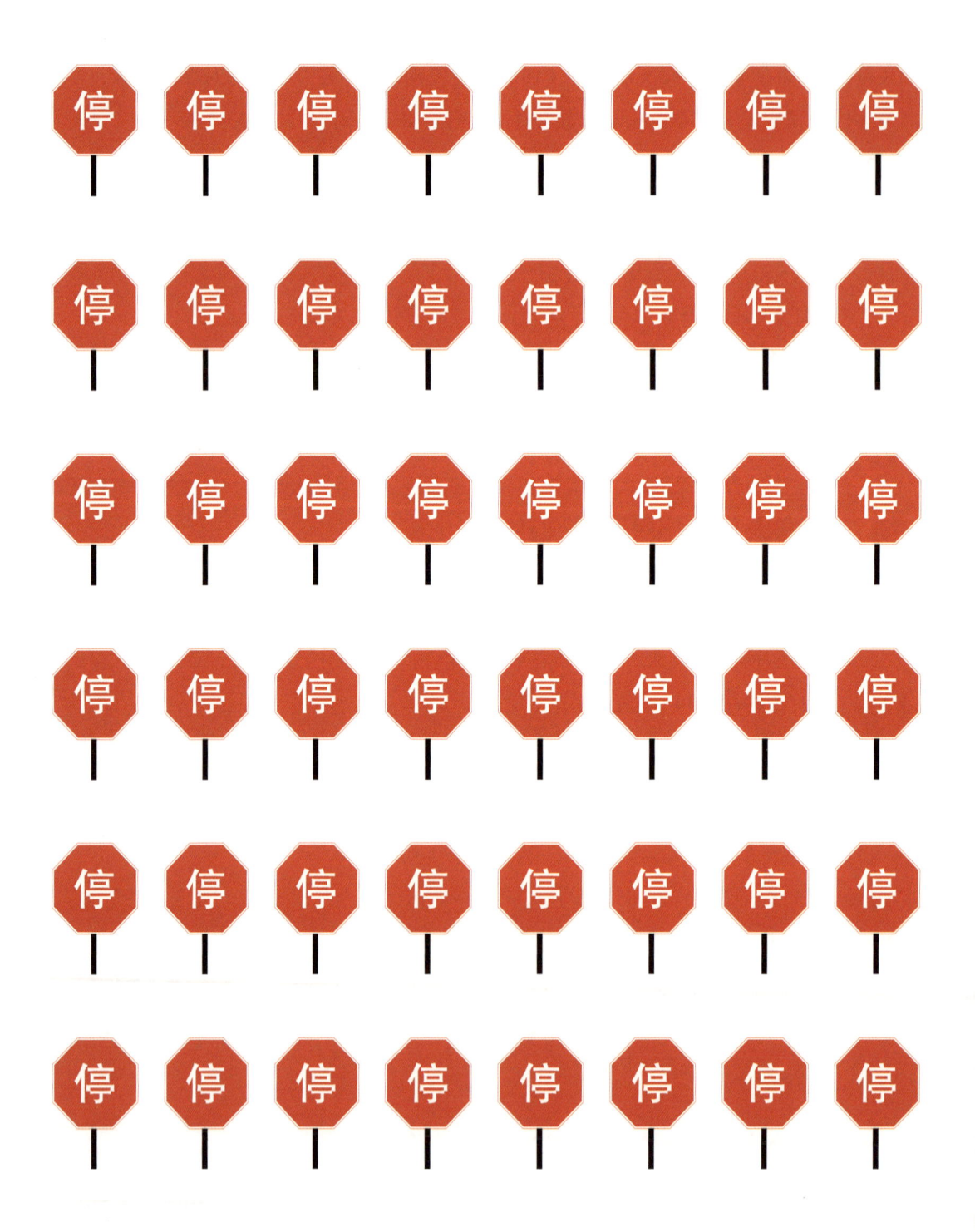

©2011 Think Social Publishing, Inc. All rights reserved.
From *The Zones of Regulation*™ by Leah M. Kuypers · Available at www.socialthinking.com

第 16 课　追踪我的工具使用情况

活动目标

- 学生能更多地使用工具进行自我调节
- 学生能将工具的使用泛化到不同环境之中

材　料

- 学生每人一份"追踪我的工具使用情况"作业单（材料 31）
- 中性笔或铅笔
- 如果不能彩色打印，准备红色和绿色书写工具
- 黑、红、绿色的干擦记号笔或粉笔

概述

学生将通过使用条形图来自我监测哪些工具最为有效并记录工具的使用频率。通过这一视觉化的学习活动，学生将逐渐开始反思他们所用工具的效果，最终找出那些最为有用的工具。本次活动也能让学生看到使用工具的积极效果，并因此而更愿意将这些工具频繁运用到不同环境中去。

准备

- 复印"追踪我的工具使用情况"作业单并发给学生，一人一份
- 在白板上画一张作业单大图
- 将教学计划写到白板上：
  1. 导入
  2. "追踪我的工具使用情况"作业单
  3. 总结

导入

说明本课的学习目标。通过提问引发讨论：

- 追踪我们对四色区工具的使用情况有哪些好处？

告诉学生，他们将学习通过条形图来记录追踪他们正在使用的工具以及每一个工具的使用效果（见图13）。跟他们解释，通过绘制条形图，他们可以看到他们正在使用哪些工具、效果如何；也告诉他们，如果你看到他们的条形图几乎为空白，但你观察到他们曾经有机会使用工具，你会帮他们想办法多使用工具。

活动

1. 引导学生看白板上的大图，告诉他们可以在最左一栏写上他们最爱使用的蓝色、绿色、黄色和红色区工具。右边的小格则用来表示该工具是否有助于他们调节颜色区。

2. 为了展示图表的填写方法，让学生轮流上来，在白板上写一个他/她计划使用的工具，比如深呼吸。列举不同的场景，让学生来练习图表的填写，比如：

> 上午上电脑课时，你很恼火；你使用了深呼吸，它很有用。表上应该怎么填？午饭时，食堂太吵了；你又用了深呼吸，但没什么作用。表上又该怎么填？在科学课上，你忘了带作业，因此没有拿到积分，但你进行了深呼吸，感觉好多了。表上应该怎么填？假设明天你尝试深呼吸，它还是有用。表上该怎么填？后天它也有用，但大后天又没用了，你怎么填？（确保逐格填写，按次填写而不是按天填写，天与天之间不要留有空格。）

3. 陆续再叫几个学生上来，结合他们所选的工具，提供场景练习填写，直到学生明白如何使用条形图记录他们的工具使用情况。

4. 让学生在作业单上列出他们的四色区工具；如果作业单是黑白的，把所有写着"是"的格子涂成绿色，写着"否"的格子涂成红色。需要的话，这一步可以由你代为完成。如果学生当天使用过某个工具，那么让他们填写相应的格子。告诉他们，这样的记录活动会持续进行下去，你期待他们每天坚持填写，这样他们就能看到哪些工具有用、哪些没用。跟他们强调，你希望他们如实填写，不要作假。没有使用工具却填到了表上，这样的自我欺骗只会妨碍他们掌握自我调节的技能。

材料 31				
	追踪我的工具使用情况			
我可以尝试的工具：	它是否有用？：		姓名：	简·多伊

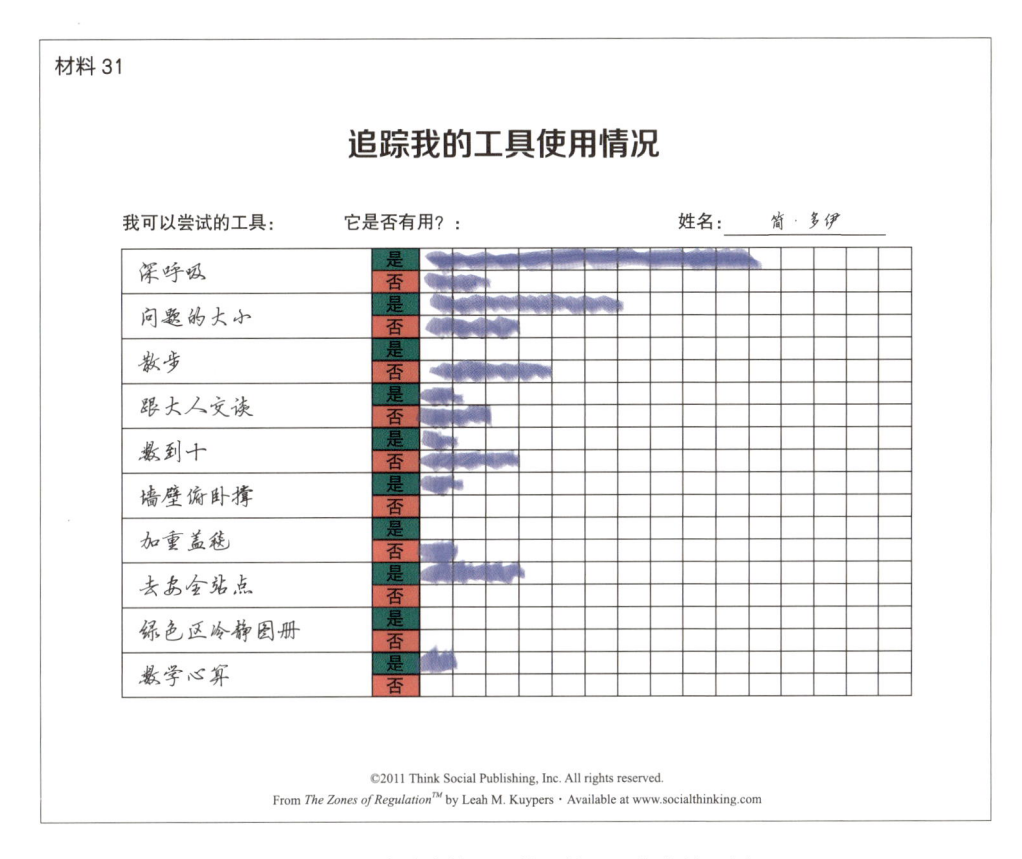

图 13 "追踪我的工具使用情况"作业单示例

本课的适应性调整

能够从别人的立场看问题、能考虑到周围人的想法，是我们很多人愿意调节情绪和警觉水平的动力所在。我们希望给周围人留下好的印象，所以会积极调节我们的感受和行为。这些正是温纳通过她的社交思维写作和课程（见"资源推荐"）所要传达的东西。有些具有调节困难的学生比较难以理解他们的行为对他人想法和感受的影响。因此，在与人相处时，自我调节的内在动机就比较弱。很多学生可以从因为使用工具（**不管该工具是否起作用**）而获得的外在激励物中获得动力。为了能让学生尝试调节，这种方法不妨一试。你或学生的养育者可以建立一套奖励制度——每次尝试使用工具，学生都可以获得一个积分，一定的积分可兑换对他们有激励作用的物品（比如，用宝可梦积分兑换一套新的宝可梦卡牌，用十元钱兑换全新的视频游戏）。只要积分达到一定的数量，学生就可以得到事先约定的奖励。

如果学生的能力实在有限，无法完成图表记录任务，那么可以由你或辅助人员代为完成。如果学生还无法理解工具对他们的影响作用，那么，这个活动至少也可以作为一个引导和数据收集工具，帮助教学人员更好地判断哪些工具对学生最为有用，以便未来实施进一步的干预。年龄稍大些的学生可以在电脑上通过电子表格来记录和追踪工具的使用情况。

总结

强调一整周持续使用工具来调节他们的四色区的重要性。这个活动不仅给教学人员提供了持续评估的机会，也让学生有机会进行持续的自我监测，了解他们使用调节工具的频率。它还可以用来收集数据，帮助每一位学生找到最有效的工具。

泛化学习的方法

- 让学生把填好了工具名称的图表带回家，或把它们分发给不同环境中与他们有密切接触的人。
- 每周（如果不能更频繁的话）与学生一起复盘图表记录情况，帮助他们判断什么样的工具有用、什么样的工具没用。
- 每次看到学生使用工具时，给予鼓励并提醒他们将结果记录到图表上。随着时间的推移，图表上的工具清单会越来越长，帮助学生识别哪些工具最为有效，然后对图表进行精简。

材料 31

追踪我的工具使用情况

姓名：_____

我可以尝试的工具：	它是否有用？															
	是/否	是/否	是/否	是/否	是/否	是/否	是/否	是/否	是/否	是/否	是/否	是/否	是/否	是/否	是/否	是/否

©2011 Think Social Publishing, Inc. All rights reserved.

第 17 课　停、选、行

活动目标

- 学生提高问题解决能力和计划能力
- 学生减少冲动性/反应性行为
- 学生提高调节能力
- 学生参与团队合作

材　料

- "个人用'停、选、行'视觉材料"（材料 32）和 8 份 "'停、选、行'寻找问题解决方案作业单"（材料 33）
- 红、黄、绿三种颜色的马克笔、中性笔、蜡笔或彩铅
- 胶带

概述

在这一活动中，学生将以比赛的形式学习"停、选、行"这个全新的概念。很多存在调节困难的学生会比较难以控制冲动，除了与人发生冲突，他们也很难找到其他解决问题的办法。基于这一现实，我们开发了"停、选、行"的概念。它给学生提供了一个简单好记的口诀和相应的视觉材料，帮助他们放松下来，避免冲动行事。我们的学生容易执着于某种做事方式而无法采纳别人的意见或尝试其他办法。本活动将帮助他们梳理各种解决方案，思考哪一个方案最有利于自我调节和解决冲突。

准备

- 复印"'停、选、行'寻找问题解决方案作业单"；如果是黑白打印，涂上红、黄、绿三种颜色。将它作为视觉材料张贴在教室中。如果有学生总是突然跑出门去，不妨也在门上贴一张。

- 将教学计划写到白板上：
  1. 导入
  2. 寻找解决方案比赛
  3. 总结

导入

1. 说明本课的学习目标。告诉学生，他们将学习怎样"停、选、行"，也就是说，如何停下来（"停"），考虑各种选项（"选"），再付诸行动（"行"）。问学生：

- 我们要来学习怎样在颜色区转换时停下来寻找问题的解决方案。你觉得为什么需要这样做？

2. 让学生想想红绿灯，每个颜色都代表什么。告诉他们，他们将使用红绿灯来学习如何寻找更好的问题解决方案以帮助他们调节情绪四色区。告诉学生，当他们发现自己正从一个颜色区进入另一个颜色区时，先不要行动，先"停"一停，想出尽可能多的行动"选"项，不管是好的选项，还是不那么好的选项。提醒他们在考虑每一个选项时，要设想采用该选项后会发生什么。在"选"（思考各种选项）过之后，再按照选出的最佳选项"行"动。建议学生参考消防安全三字诀"停、趴、滚"来记忆这个类似的三字口诀。也告诉他们，如果发现选出的方法无效，可以重复"停、选、行"的过程。

3. 可以的话，让学生将等比例缩小的红绿灯标志贴到课桌或其他经常能看见的地方，比如记事本、电脑、储物柜上。

活动

1. 告诉学生，他们将通过分组活动学习使用"停、选、行"的方法来解决问题。

2. 将学生分成两组，两组人员坐到一起。每组自愿出一人负责记录小组提出的选项。分发"'停、选、行'寻找问题解决方案作业单"，每组4份。告诉他们，在大声读出问题后，各组分头讨论，想出尽可能多的问题解决方案并选出最佳方案。对每个问题都会给几分钟的集体讨论时间，以便他们想出多个选项（好的和不太好的）并一一记录下来。接着，每组选出一个能够帮助他们调节颜色区的最佳方案。

3. 全班一起比较两组提出的解决方案。如果想增加比赛的竞争气氛，你还可以采用计分的方式,每一轮都比一比哪个组的解决方案更胜一筹。

4. 在整个活动中,评估学生对这一问题解决概念的理解以及生成问题解决方案的能力。你可以通过观察他们在小组及班级讨论中的参与情况和对话表现来完成这一评估。

5. 让学生运用"'停、选、行'寻找问题解决方案作业单"来解决以下问题。在时间允许的情况下,讨论尽可能多的问题;也可以用一周的时间来完成这个学习活动,每天讨论其中的几个问题。以下是我们建议的问题清单,你也可以根据学生的亲身经历,和他们一起创建你们自己的问题清单。还是那句话,最好的教学总是与学生自己的生活息息相关。

- 你输了比赛。
- 你在"停、选、行"活动中提出的问题解决方案没有被选为最佳方案。
- 你的考试得分低于预期。
- 同学责怪你做了某事,但那不是你做的。
- 你知道问题的答案并积极举手,但老师没有叫你发言。
- 你的日程时间表临时发生变化。
- 老师没有兑现承诺。
- 你讨厌食堂的饭菜,但你忘记带午餐了。
- 太多人在你身旁大声讲话。
- 你上课迟到了。
- 同学违反了一个小规定。
- 有人坐在你的位子上。
- 你被分配和你讨厌的一个同学搭档完成作业。
- 老师拖堂,挤占了你的下课时间。
- 你发现有人作弊,很生气。
- 你最喜欢的东西被人偷了。
- 同学不愿意分享。

总结

为了帮助学生将这一概念泛化到行动之中,你可以问他们:

- 既然现在有"停、选、行"这个新工具帮助你们更好地解决问题，那么请问，你们可以怎样相互帮助，一起来使用它呢？

让学生将"停、选、行"工具纳入他们的工具箱和"追踪我的工具使用情况"作业单中。提醒他们和同学相互帮助，一起使用这个工具。也提醒他们下次遇到问题或感觉状态失调时想想这个"红绿灯"。

活动之后，观察并评估学生对"停、选、行"方法的运用。注意观察他们的问题出在哪里：是停不下来（无法控制冲动），还是想不出解决问题的方案选项，抑或是不能选出满意的方案？针对具体的需要，提供额外的支持。

附加学习活动

继续个别化辅导学生使用"'停、选、行'寻找问题解决方案作业单"。在理想的情况下，你们将针对那些反复出现的触发因素，通过一起填写作业单，提前找出解决的办法。在列出可能的选项清单后，让学生用红色笔划去会导致红色区感受的选项，再用黄色笔划去会导致黄色区感受的选项。然后，用绿色笔圈出与绿色区感受相适应的选项，并在他们认为的最佳方案上做星号标记。此外，这份作业单也可以在发生冲突时帮助解决问题。当然，无论我们采取了多少预防措施，都免不了非期待行为的发生。在这种情况下，"'停、选、行'寻找问题解决方案作业单"也仍然可以帮助学生为未来处理同样的问题找到更好的解决方案。

泛化学习的方法

- 将"停、选、行"视觉材料张贴到学生长时间活动的地方。
- 将"停、选、行"策略分享给学生团队的其他成员，教他们怎样用这个策略帮助学生寻找问题的解决方案（见上文"附加学习活动"）。

材料 32

个人用"停、选、行"视觉材料

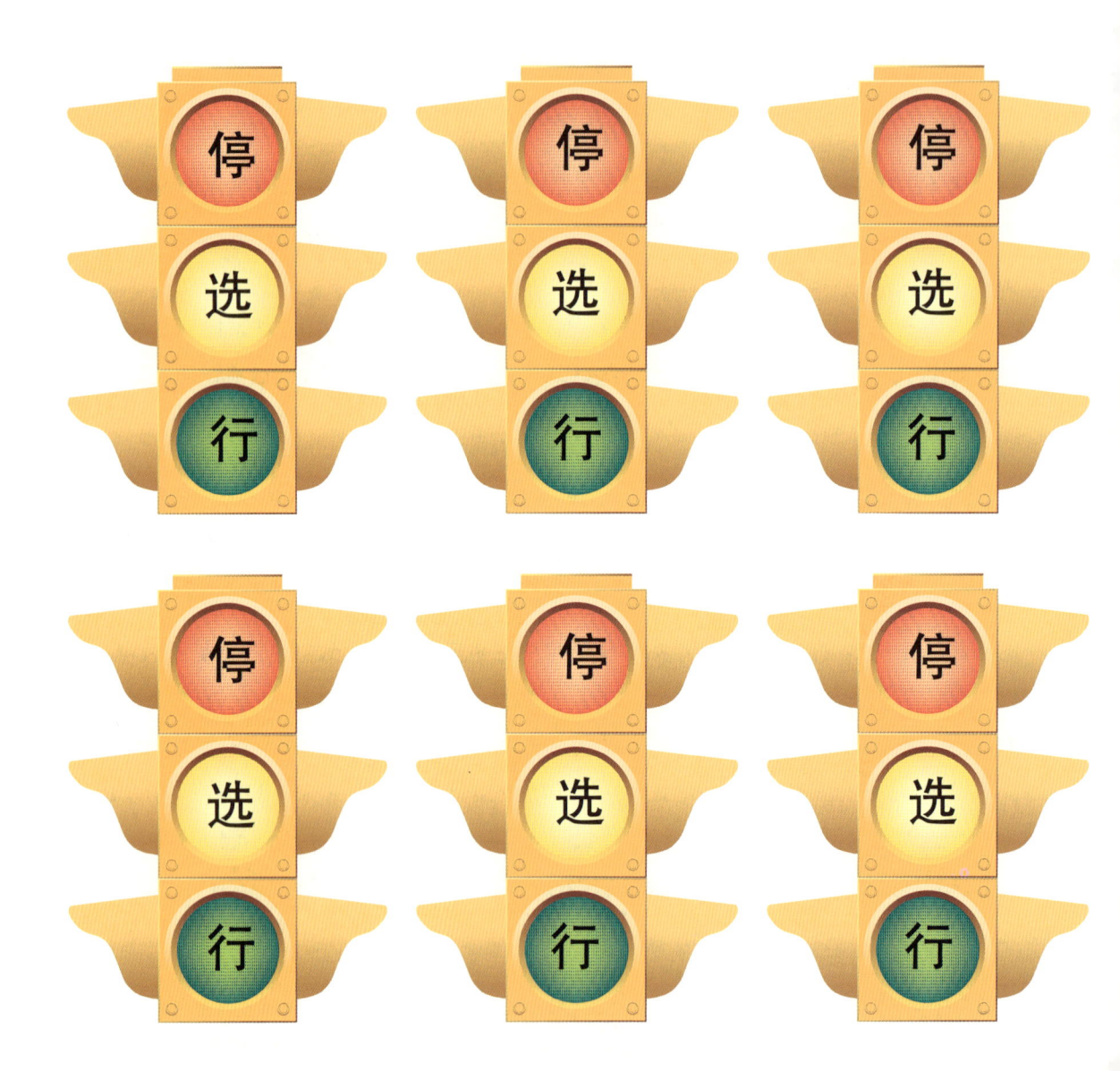

©2011 Think Social Publishing, Inc. All rights reserved.
From *The Zones of Regulation*™ by Leah M. Kuypers · Available at www.socialthinking.com

材料 33

"停、选、行"寻找问题解决方案作业单

问题：_____

停 在行动前停下

选 想想你共有多少行动选项，分别会有怎样的结果

行 按照最佳选项行动

回想（或预想）一个你很难停下来保持良好调节状态的情况。

使用这份"停、选、行"寻找问题解决方案作业单展开头脑风暴，想想你们共有哪些选项——不论坏，可以是使用你们的工具，也可以是那些不太好的选择，比如发脾气。

- 仔细考虑每一个选项。
- 用黄色、红色马克笔划掉那些会引发黄色和红色区情绪的选项。
- 用绿色马克笔圈出你可以选用的最佳选项。

我的最佳选项是：_____

©2011 Think Social Publishing, Inc. All rights reserved.
From *The Zones of Regulation*™ by Leah M. Kuypers · Available at www.socialthinking.com

第 18 课　庆祝我使用工具了

活动目标

- 学生庆祝他们能够使用工具调节他们的四色区
- 学生因为使用工具和实现调节而获得积极强化
- 学生将工具的使用泛化到不同环境之中

材　　料

- "工具奖状"（见材料 34）
- 学生每人一份"四色区证书"（见材料 35）
- 摄像和打印设备或每个学生的单人照（可选）

概述

这是一个持续进行的活动。在活动中，只要看到学生使用工具，不管见不见效，你都给他 / 她发一张"工具奖状"。当奖状积攒到事先约定的数量时，他们就可以兑换"四色区证书"。这个活动旨在帮助从学前到初中这一阶段的学生将工具的使用泛化到不同环境之中，也为他们使用工具提供一个外在的动力。随着工具使用经验的不断增长并认识到（在你的帮助下）这样做带给他们的好处，他们会逐渐从依靠外在动力进行调节转向依靠内在动力来调节。这一活动也是让学生体验成功实现调节的自豪感并为之庆祝的一种手段。总之，可以考虑用奖励票券的方式，肯定学生对工具的使用和为调节情绪四色区所做的努力。

准备

- 复印多份"工具奖状"，备用。也给养育者及与学生有密切接触的其他人员准备一些。
- 给每个学生想一种管理"工具奖状"的方法（比如，在教室做直观的展示、粘贴到四色区文件夹中或收入储物箱内）。
- 给每个学生复印一份"四色区证书"。

- 给每个学生拍照并打印出来，用于后期"四色区证书"的制作（也可以用学生的自画像）。
- 将教学计划写到白板上：
  1. 导入
  2. 解释"工具奖状"

导入

1. 介绍本课的目标。问学生：

- 我们应该在哪些地方使用我们的四色区工具？
- 当你独立使用工具时，你感觉如何？

活动

1. 告诉学生，无论在哪儿他们都需要使用工具，而且他们还会因为使用工具调节他们的颜色区而得到"工具奖状"，哪怕是在成人提醒下完成或使用的工具并不见效。一旦所得奖状达到约定的数量，他们就能赢得一张"四色区证书"。至于这个数量标准，则因人而异。一项技能必须经过反复练习和长期坚持，才能成为一种习惯。以学生的现有水平为基线，设定一个你觉得有一定挑战但是能够达到的数量。你也可以将是否需要提示纳入考核标准。你还可以将第16课的"追踪我的工具使用情况"作业单用作强化表，缩减需要进行奖励的工具范围。"四色区证书"代表学生已经实现了大量的自我控制，也能更加独立地使用工具来调节他们的四色区了。它是对学生在使用工具上所取得的成就和熟练调节四色区的能力的肯定。

2. 当你看到学生使用了工具或他们向你报告他们使用了工具的时候，给他们发放奖状。记得收集他们从别人那里得来的奖状。

3. 当学生的奖状达到事先约定的可以兑换证书的数量时，为此庆祝一番。将学生的照片贴到证书上，或让学生在上面画上自己的画像。

泛化学习的方法

- 将"工具奖状"分发给学生团队的其他成员，以便学生在不同环境中都可以因为使用工具而获得强化。
- 结合第16课"追踪我的工具使用情况"使用本节课程。

材料 34　工具奖状

为了帮助强化_____在家、社区和学校使用四色区工具进行调节，请在他/她每次尝试使用工具时发出一张"工具奖状"。只要学生是在认真调节他/她的颜色区，哪怕所用工具并不见效或需要你提醒才能使用工具，他/她都可以获得奖状。请让学生将所得奖状交到我（_____）这里。我们正在收集奖状，为赢取"四色区证书"而努力！

感谢您的支持和帮助！

工具奖状

祝贺你使用了工具箱里的工具！

工具奖状

祝贺你使用了工具箱里的工具！

工具奖状

祝贺你使用了工具箱里的工具！

工具奖状

祝贺你使用了工具箱里的工具！

工具奖状

祝贺你使用了工具箱里的工具！

工具奖状

祝贺你使用了工具箱里的工具！

工具奖状

祝贺你使用了工具箱里的工具！

材料 35

四色区证书

你在调节四色区和使用工具方面取得佳绩。特发此证，以资鼓励！

贴照片处

姓　　名：_____
头发颜色：_____
眼睛颜色：_____
生　　日：_____
发 证 人：_____
签　　名：_____

四色区证书

你在调节四色区和使用工具方面取得佳绩。特发此证，以资鼓励！

贴照片处

姓　　名：_____
头发颜色：_____
眼睛颜色：_____
生　　日：_____
发 证 人：_____
签　　名：_____

©2011 Think Social Publishing, Inc. All rights reserved.
From *The Zones of Regulation*™ by Leah M. Kuypers • Available at www.socialthinking.com

检验学习效果的方法

你可以采用以下非正式评估方法来衡量学生对本章所教四色区概念的理解：

- 学生是否使用他们工具箱里的工具：通过随机观察或学生的报告——口头报告或"追踪我的工具使用情况"作业单（见第16课材料）。
- 学生的行为是否有所改善：通过数据收集、积分表等客观方式，或通过观察及与学生有密切互动的其他人员聊天等主观方式。
- 学生与周围同伴及成人的关系和交往是否得到改善：通过观察、学生自我报告及与之有密切互动的其他人员的报告。

第六章
优胜者是……
四色区背景信息介绍

第一章对四色区课程作了概述：四色区是什么，推动它发展的主要影响因素有哪些，它旨在应对哪些挑战，等等。本章将补充更多与之相关的背景信息，介绍其他人的一些作品或课程。这些作品或课程增进了我们对"调节"和有效教学策略的理解。其中很多都对"四色区"的发展产生了影响。

自我调节能力是如何发展的

一般来说，随着儿童的成长和成熟，自我调节能力也会不断提高。克莱尔·科普（Claire Kopp, 1982）在理论和研究基础上，对调节能力的早期发展阶段做过一个广为人知也备受推崇的概述，即名为"控制阶段"的发展进程说。"控制阶段"解释了一个人实现调节所经历的环环相扣、逐渐发展演变的过程。从婴幼儿时期高度依赖外部调节者，比如养育者或看护人，来满足自身需求，到后来越来越擅长处理各种具有挑战性的状况，能够用与年龄相符的方式做出应对并解决问题。

科普提出的第一个阶段叫"神经生理调节期"，出现在从出生到两三个月大的时候。在这段时间里，婴儿不得不调节自身的警觉状态以保护自己免受刺激的干扰。比如，他们会在喧嚷的运动赛事现场沉沉入睡，或吮吸安抚奶嘴来自我安慰。科普认为，婴儿在此期间表现出有序的运动模式或反射动作。第二个阶段为"感觉运动调节期"，大约从第三个月一直持续到第九至十二个月。科普认为，在此期间，婴儿发展出随事件和刺激改变行为的能力，比如，婴儿会被母亲的活动吸引，于是伸手去拿母亲刚刚放下的物品。当婴儿开始意识到他们可以根据别人的行动来改变自己的行动时，科普认为，他们就进入到下一阶段，即"控制期"。此时，儿童对养育者提出的社交和任务要求开始表现出意识。他们试着按照这些社交或任务要求发起、保持、调节或停止他们的行为，也开始注意自身行动所产生的影响。在此期间，科普指出，儿童在意向性、目标导向行为、自觉行为意识和自我记忆等方面均有显著的认知发展。科普继续解释，在此期间，儿童必须有机会注意到他们在社会交往中的各种尝试产生了怎样的效果，这是至关重要的。儿童开始更好地意识到养育者的需求，而养育者的指导也将帮助他们进展到下一个阶段，即"自我控制期"。

科普认为，儿童在两岁左右进入自我控制期。按照她的理论，在此期间，儿童在面对他人的请求时已经具有延迟行动的能力，同时，就算没有外在监管者，他们也能按照养育者或社交群体的期待行事。科普认为，随着服从和内在自我监管能力的出现，语言萌发所必需的认知能力、表象思维能力、象征思维能力和记忆唤起能力也都开始出现。如果养育者对儿童的需求和个性保持敏感，能给儿童较多的成功体验，那么儿童将开始表现出较好的冲动控制能力。随后，儿童将持续发展他们的自我意识和身份认同感。通常在3~4岁时，他们会进入科普所说的最后一个阶段，即"自我调节期"。此时，他们的自我控制过程更加灵活也更具适应性，能够为了满足场景的需求而做出改变。科普认为，儿童开始学着用规则来引导行为：在理解了恰当行为的标准和要求后，他们会努力用这些标准来规范自己的行为。在这个发展出自我调节能力的阶段，儿童还会掌握一些策略来缓解紧张、加强对自身行为的内省和反思。不过，儿童在这个阶段表现出的技能水平很大程度上取决于他们理解社交线索、注意文化"潜规则"以及使用自我对话的能力。

此外，科普也考虑到外部因素对调节能力发展的影响。她引用各种研究发现来支撑她的观点：养育者的不同期待、言语技巧和行为管理策略会影响儿童调节能力的发展，导致不同个体间的能力差异。科普还证实了幼儿时期的压力事件对儿童调节能力发展的影响。

针对神经生物障碍学生的教学策略

被认定为"神经多样性"（如 ASD、ADHD 等）的学生有自己独特的学习方式。但我们也不乏可以帮助他们或很有希望帮助他们学习和运用新概念的有效的教学策略。作为养育者和教育者，我们要重视这些独特的学习方式和教学策略，让所有学习者都能充分参与到学习中来。

自我管理（Self-management）

2009 年，美国国家孤独症中心发布了《国家标准项目：研究成果和结论》（*National Standards Project: Findings and Conclusions*）的报告。来自孤独症领域的众多专家广泛审阅了孤独症治疗相关的文献，试图对不同治疗方法进行统一的分级评价。他们的一个重要任务是给孤独症个体的家长和养育者推荐可用的循证实践方法。在这个报告中，自我管理被认定为"已确认的实践方法"（分级评价中的最高级）。如此推崇自我管理（或自我调节）在治疗实践中的价值，反映出专家们对这一治疗方法的信心——它能给孤独症个体带来良好的效果。在专家的定义中，自我管理干预是指那些教学生通过记录行为的发生和获得强化来独立管理行为的干预方法。让学生设定自己的目标也是其中必有的一项内容。所有这些要素都被吸收到了情绪四色区的课程之中。

认知行为疗法（Cognitive behavior therapy, CBT）

情绪四色区建立在认知行为管理的框架基础之上。认知行为疗法教学生掌握调节所要用到的思维过程，帮助他们更好地觉察自身的想法、感受和行为表现。四色区的学习活动使用了认知行为的策略，让学生能够思考他们的行为对自身及他人的生活有怎样的影响。已经有文献开始提到，认知行为疗法是教 ADHD 学生（Miranda et al., 2002; Riccomini et al., 2005）和 ASD 学生（Lee et al., 2007）学习自我调节的一个有力工具。四色区是一种可以被广泛运用到学生的家庭、学校和社区生活的认知行为方法。通过使用认知行为管理，学生将学会如何独立进行自我监控，能够思考自身的警觉水平和四色区工具的有效性。这一方法能让学生逐渐摆脱成人的提示（共同调节），承担起个人的调节责任。

社交思维和 ILAUGH

"社交思维"是米歇尔·加西亚·温纳用来教授社交认知的理念和方法,它也渗透和贯穿于情绪四色区的课程之中。社交思维方法教学生思考在不同社交场合存在的各种社交行为期待,并通过社交思维过程体会这些不同期待之间的微妙差别。这种做法与通过强化行为和机械教授社交规则来让学生掌握社交技能的方法截然不同。而且,虽然大部分情绪都是在无意中被引发的,但它们最终表现出来的强弱程度却会因个人对社交期待的感知和对他人观点的理解水平的不同而存在差异。对我们自身及他人观点的理解在研究中被称为"心理理论"(Frith, 1989)。如果学生不能理解社交期待,不明白他们的行为会影响其他人对他们的看法,那么情绪调节就会难上加难。

温纳还开发了社交认知的 ILAUGH 模式(2000)。ILAUGH 的 6 个字母分别代表 6 个社交认知概念。我们需要以毫秒级的速度来加工处理这些概念并做出反应,才可能具备成功互动所需的诸多要素(包括但不仅限于调节)。这 6 个概念分别为:

I = 发起语言
L = 用眼睛和大脑来倾听
A = 抽象和推理性语言/沟通
U = 理解观点
G = 格式塔加工/把握整体
H = 幽默及人际联结

虽然良好的调节与 ILAUGH 的所有概念都息息相关,但我认为对学生独立调节最重要的当属**理解观点**和**格式塔加工**(看到全局的能力)。因此,本书从头到尾反复提及《这样思考才会社交!》(温纳的众多出版物之一,旨在教学龄期学生社交思维法)中的课程,用以深化学生对社交认知的理解。建议你们综合运用"情绪四色区"和"社交思维"的概念,帮助学生实现所设定的社交目标。

中央统合理论(Central Coherence Theory)

乌塔·弗里思(Uta Frith)的中央统合理论(1989)是情绪四色区课程开发过程中被考虑的另一个重要理论。这一理论谈到了孤独症谱系学习者能够理解小的、通常不太相关的细节,但很难将所有碎片整合成更大的图景。不擅长格式塔思维会影响其他能力的发展，比如，无法找到问题的根源、难以读懂相关的社交线索、不能理解文本的深层含义等。本书将颜色区精简到四个定义清晰、易于对照和理解的大类，就是鼓励学生从整体上理解概念而不是关注细枝末节。四色区课程为讨论情绪和警觉状态这些抽象概念提供了一种具体的方式。四色区课程的每一节课都包含课堂提问的内容，这些问题可以帮助学生将课上所学与更大的生活图景联系起来。我们也注意选取有实际意义的例子，并采用定性的评价方法来检查学生在处理细节的同时是否也获得了更为整体性的理解。

SCERTS 模式

对四色区课程开发产生影响的还有 SCERTS®（Social Communication, Emotional Regulation and Transactional Support，社会交往、情绪调节和交互支持）综合模式（Prizant et al., 2006）。这一模式认为警觉状态受社交情境（比如，能接触到熟悉的常规和熟悉的人）、环境刺激、内在变量（比如，感到不适或疲倦）和情绪调节能力的影响。这一模式表明，让**学生**学会识别他们紧张的情绪警觉状态并使用策略管理他们的行为是可能的。为了实现这一点，四色区课程致力于培养情绪调节和执行功能方面的技能和策略。鉴于学生群体的多样性以及他们的不同需求，新课程的开发要满足这些条件：既能教授自我调节的所有要素，也能照顾和适应每一位学生的个别化需要，还要方便学生团队所有成员在不同环境中的运用。

系统化理论（Systemizing Theory）

西蒙·巴伦-科恩（Simon Baron-Cohen）是孤独症领域的又一位重要领袖。他的"系统化理论"认为（2006），ASD 人士非常需要通过构建系统来理解信息，包括抽象的社交信息。据报道，ASD 人士很难应对系统的变化，也难以理解那些不成系统、没有规律可循的情绪及社交概念。对他们来说，美国的州际公路系统很具体也很容易理解，但情绪和社交期待却抽象而变幻莫测。情绪四色区课程对情绪和警觉水平的分类就是为了给学生理解调节概念提供一个系统化的方式。

生成心智法（Enactive Mind）

一些 ASD 人士有能力解决清晰的社交认知问题，却在真实的社交生活中处处碰壁。为此，艾米·克林（Ami Klin, 2003）开发了生成心智法。克林认为，我们要做的不是给孩子传授一套既定的社交规则，而是根据情境和人的动机、需要及各方面的持续变化综合考虑各种因素。他指出，现有教学策略的一个很大局限是ASD学生很难将学到的技能泛化到新环境中。所以，我们不应该闭门造车，而应该在教室、家庭和社区等自然的社交环境中教授技能。因此，四色区课程除了在教室或机构的直接教学外，还会举例说明如何将这些概念应用到学生的现实生活之中。四色区课程的学习活动强化学生在生活中对概念的广泛应用；提供在真实生活中练习和应用四色区概念的机会，这是四色区课程的一贯主张。我们必须让家长、老师及与学生有密切接触的其他人员帮助学生将四色区概念应用到不同环境中去。

有关强化物和积分制的研究

马克斯（Marks）、赫德森（Hudson）、施拉德尔（Schrader）、朗埃克（Longaker）和莱文（Levine）（2006）等人也对行为管理技术展开了研究。研究结果表明，失去高兴趣的强化活动（比如，如果学生痴迷于漫画，就收走漫画书以作惩罚）和使用个人积分制度不一定能有效矫正学生的行为，也不是管理ASD学生行为的最优方法。据马克斯等人报告，ASD学生往往倾向于完美主义，追求过于渴望的奖励反而容易滋长焦虑、强化执念，求而不得也会造成莫大的困扰。所以，应该让学生去追求那些他们想要但又不过分痴迷的奖励。

以上谈到的所有作者作品，参见"可下载配套资料"中的"参考书目"。

附录一
常见问题解答

一个人可以同时处于一个以上的颜色区吗？

可以。学生可能会因为睡眠不足而感到疲惫（蓝色区），同时为即将到来的考试感到焦虑（黄色区）。学生不一定只能选一种颜色区。如果他们列出不止一个颜色区，恰恰说明他们很了解自己的感受和警觉水平。另一方面，同一种情绪也可以被归入不同的颜色区。比如，"失望"既可以归入蓝色区，也可以归入黄色区，而"嫉妒"有可能在红色或黄色区。具体的归属，要看这种情绪的强度和学生的个人感受。

学生应该为处于红色区而受到惩罚吗？

不，我们不会因为任何人的任何感受（或颜色区）而惩罚他们。如果学生在红色区时的**行为**伤害到其他人或破坏了财物，那么他们需要采取措施修复关系，为自身造成的混乱或财物损毁负起责任。等他们冷静下来以后，你可以带他们反思刚才在红色区时的情况，把它当作一个教学的机会，让学生思考下次遇到这样的情况应该做出怎样的改变（见第17课"附加学习活动"）。当然，我们也不建议因为学生处于绿色区而给予奖励。因为绿色区也不是放之四海而皆准的，不同场合适用不同的颜色区（见下文）。如果你制定了基于调节的奖励制度，务必在学生尝试管理他们的四色区时予以表扬/奖励，哪怕这种调节并不成功。如果学生总是进入红色区，家长和老师就要认真找出其中的触发因素。是否可以对周围环境做出调整，或给他们安排一些有助于调节的感觉工具？务必将能够帮助学生成功避开红色区的工具提前教给他们。学生也会因为进入红色区而获得大量关注，哪怕是消极的关注。所以，一定要教他们以积极的方式寻求关注，比如，使用言语策略，说"我需要帮助"。同时，在学生积极尝试的时候，哪怕小小的进步，也记得多多给予积极的关注。

外在表现出的颜色区和内在感受到的颜色区会不一样吗？

会的。很多时候，我们的内在颜色区与外在行为并不相符。比如，在调节颜色区的时候，我们内心体验到的可能是黄色区的紧张情绪，但在外在行为上，我们可能显得冷静、有条不紊。在学校，很多学生为了调节倾尽全力，但黄色区还是在内心悄然酝酿。常听养育者说，放学时刚接上孩子，孩子就开始发脾气进入红色区。这说明学生在学校为了符合社会的社交准则已经尽其所能地保持了冷静。回到车上跟家长一起时，他们觉得安全了，便把情绪全都宣泄了出来。你可以跟这些学生强调，他们需要在一天里持续地管理内在的黄色区，以免黄色变红色。瑜伽、健脑操（见"可下载配套资料"中的"资源推荐"）、身体运动和精神放松都是不错的调节工具。

情绪四色区课程和警觉训练课程有何区别？

警觉训练课程是一套优质的课程，也是通过使用感觉支持工具和活动来调节神经系统以解决自我调节问题的行业典范。和情绪四色区一样，警觉训练课程采用的也是认知行为的方法，它把一套对儿童友好的语言教给学生，帮助他们识别自身的警觉水平，给作业治疗师、家长和其他专业人士起到了引领带头作用。它也涵盖为学生探索"警觉"概念而设计的多样化的内容。情绪四色区课程恰好是对它的自然衔接，开始处理情绪调节、执行功能技能培养和社交认知的问题。情绪四色区课程旨在帮助学生觉察他们的情绪，除了认识感觉需要对警觉水平的影响，还会认识情绪和思维模式对警觉水平的影响。此外，情绪四色区课程还帮助学生认识社交期待，理解他们的感受和警觉水平是可以调节以适应所在环境的要求并给他们带来安适感的。除了感觉工具，情绪四色区课程还教学生使用包括冷静策略和思维策略在内的其他工具来进行调节。学过警觉训练课程的学生可以将"发动机"工具加入到四色区工具箱中。这两个概念的语言也可以结合起来使用："你的发动机似乎在高速运转，你在黄色区了。你可以用哪一个工具来管理你的颜色区，让身体重新感觉良好？"

情绪四色区课程和神奇的 5 级量表有何区别？

"神奇的 5 级量表"是启发情绪四色区课程发展的重要工具之一。这一策略的神奇之处在于，它能将任何技能或行为分成 5 个不同的层次或更小的部分。它能让学生更好地理解行为本身的细微差别，在思考行为时也能对应具体的词汇。5 级量表和情绪四色区课程都属于认知行为的方法，都有自己的系统来帮助学生认识行为的整体范围、外在表现和内在感受。5 级量表可以用来教授情绪调节或自我控制，以及其他各种行为的调节与控制。如今，在美国的学校，将语音高低分成从不讲话到尖叫 5 个等级，已经是常见操作了。这正是 5 级量表的功劳。此外，5 级量表还可以用来教学生认识个人空间、焦虑、愤怒、痴迷和身体语言等内容。归根结底，使用 5 级量表有助于学生觉察并调节他们的行为。情绪四色区课程的不同之处，在于它要教学生的是自我调节的底层技能。因此，它有大量的课时和学习活动是教学生觉察并调节他们的情绪和感觉需要、理解他人的不同观点、控制他们的冲动以及掌握更好的解决问题的方法。

情绪四色区课程和神奇的 5 级量表可以结合起来使用。如果你正在使用 5 级量表教授情绪调节，又希望用情绪四色区课程的学习活动来加以拓展，那么你可以通过重新指定颜色区来帮助学生学习灵活地处理问题。你可以将量表的 4、5 级称为红色区，3 级为黄色区，1、2 级为绿色区，再继续往下延伸出蓝色区（可指定其为 0 级）。此后的交流，学生既可以继续使用已经掌握的等级数字，也可以用四色区的颜色来代指。这样，情绪四色区课程的学习活动就能和学生熟悉的 5 级量表配合使用了。不仅学生，我们所有人都应该成为灵活的思考者！

如果学生不愿意学习情绪四色区课程，我该怎么办？»

如果学生抱怨说："为什么只有我要学四色区课程？"那么先检查两个问题。首先，你是不是只在学生状态失调的时候才加以指出，而当他们努力保持或调节他们的颜色区时却没有给予足够的表扬？其次，你有没有充分营造"四色区"文化，让学生明白我们所有人都会在四色区之间来回游移，都会出现非期待行为，也都需要使用工具来管理四色区？鼓励学生去操场、公共泳池或商场观察，看他们是否能发现周围人的四色区情况。然后，你们可以再一起讨论人人都有四色区情绪这个问题。

另一个方法是尝试使用 SCERTS® 模式。它既为提高学生的社会交往（"SC"）能力和信心提供了行动方案，也致力于通过情绪调节（"ER"）减少问题行为，为学生学习和建立有意义的人际关系扫清障碍。而交互支持（"TS"）则有助于促进家长、教育者和治疗师之间的团结合作，保证学生的最大进步。通过这些支持，这些与学生密切接触的人可以共同致力于工具的开发和运用以更好地支持学生。同时，他们也能同步跟进学生的需要和兴趣、对环境做出适应性调整，并交流促进学习的方法（比如，四色区、图片沟通、视觉时间表和感觉支持等）。团队合作的另一个成果是学生个别化教育计划的制订。一方面，它会给家长提供教育支持；另一方面，它也反过来促进学生团队所有成员之间的相互合作。

附录二
培养自我调节能力 IEP 目标建议

这些只是建议，请根据每个学生的实际情况做出调整。

学生拓展情绪词汇：能命名自身及他人的情绪，包括_____、_____和_____；准确率为_____。

学生提高对身体语言的理解能力：能识别并模仿图片上_____种不同的面部表情；准确率为_____。

学生提高换位思考能力：能根据给出的现实生活场景，确定每个场景所期待的状态（或颜色区）是怎样的；准确率为_____。

学生提高换位思考能力：能反思在三个特定场景中他/她在某种情况下做出的行为会如何影响周围人的想法和感受；准确率为_____。

学生更好地觉察自身的警觉状态和情绪（或四色区）：能识别每个颜色区所特有的_____种生理特征（例如，胃疼、紧握双拳、肌肉放松、大脑急速运转）；准确率为_____。

学生更好地觉察自身的警觉状态和情绪：学生自我报告的情绪/警觉状态与老师评估的相一致；准确率为_____。

学生提高调节技能：能识别_____种导致他/她失去调控状态的触发因素；准确率为_____。

学生提高对调节的认识：能识别他/她一天中有哪些情况是可以使用工具进行调节的，并判断每种情况所适用的工具；准确率为_____。

学生提高对调节的认识：能说出如果他/她使用工具帮助调节，这一天会有怎样的不同（同伴关系、在校表现）；达成比为_____/_____。

学生提高调节技能：能列举并演示_____种他/她觉得具有冷静作用的工具，_____种能让他/她保持良好感觉的工具，_____种可以帮助他/她清醒或感觉舒适的工具。

学生提高问题解决技能：能通过头脑风暴想出各种解决冲突的办法，无论积极或消极，并从中选出一个最佳方案；达成比为_____/_____。

学生提高调节技能：当行为冲动时，能在言语提示下自我叫停并表现出期待行为；达成比为_____/_____。

学生提高他/她的自我调节技能：能在（言语、视觉、手势）提示下使用工具帮助自己调节；达成比为_____/_____。

学生提高他/她的自我调节技能：能独立使用工具来帮助调节自身的感受/能量/生理状态（颜色区）；达成比为_____/_____。

The Zones of Regulation：A Curriculum Designed to Foster Self-Regulation and Emotional Control

Leah M. Kuypers, MA Ed. OTR/L

Originally published in English in 2011© Think Social Publishing Inc.Santa Clara,CA USA

25+ YRS Social Thinking®

www.socialthinking.com

Leah M. Kuypers asserts the moral right to be identified as the author of this work.

© 华夏出版社有限公司　未经许可，不得以任何方式使用本书全部及任何部分内容，违者必究。

北京市版权局著作权合同登记号：图字 01-2023-2121 号

图书在版编目（CIP）数据

情绪四色区：18 节自我调节和情绪控制能力培养课/（美）利娅·M.凯珀斯（Leah M. Kuypers）著；张雪琴译. --北京：华夏出版社有限公司，2024.1

书名原文：The Zones of Regulation：A Curriculum Designed to Foster Self-Regulation and Emotional Control

ISBN 978-7-5222-0575-5

Ⅰ.①情… Ⅱ.①利… ②张… Ⅲ.①情绪－自我控制－儿童教育－特殊教育 Ⅳ.①G766

中国国家版本馆 CIP 数据核字（2023）第 211082 号

情绪四色区：18 节自我调节和情绪控制能力培养课

作　　者	［美］利娅·M.凯珀斯	译　　者	张雪琴
策划编辑	薛永洁	责任编辑	李亚飞
特邀编辑	许　婷	责任印制	顾瑞清

出版发行	华夏出版社有限公司
经　　销	新华书店
印　　装	河北宝昌佳彩印刷有限公司
版　　次	2024 年 1 月北京第 1 版　　2024 年 1 月北京第 1 次印刷
开　　本	787×1092　1/16 开
印　　张	13.25
字　　数	236 千字
定　　价	88.00 元

华夏出版社有限公司　　地址：北京市东直门外香河园北里 4 号　　邮编：100028
网址：www.hxph.com.cn　　电话：(010) 64663331（转）

若发现本版图书有印装质量问题，请与我社营销中心联系调换。